デジタル戦略の教科書

今枝昌宏 著
IMAEDA Masahiro

中央経済社

▶▶はじめに

　本書は，ビジネスの大きな流れであるデジタル化の中で，デジタル技術を使った事業企画を行うにあたって知っておくべき考え方や知識を整理して提供するもので，デジタル化のビジネスインパクトを整理するとともに，今後のデジタル化によるビジネスの方向性を予測・提示するものです。

　従来の経営戦略論は，デジタル化の世界においても，妥当性を持ちます。しかし，経営者や事業の企画者として知っておいたほうがよいデジタル独特のテーマがいくつも存在しています。ネットワーク効果などのハードな戦略に影響を与える競争ダイナミズムの理解はもちろんですが，多くのデジタル関係の書物で扱われていない産業構造変化，デジタル化のための組織の在り方の変化についても，それらがデジタル化を促進あるいは阻害する要因となることから，事業企画者にとって重要であり，必ず理解しておかなければならない知識となっています。

　一方，今まで情報技術に携わってこられた方々にとっては，デジタル化の対象が企業内のプロセス処理から個人や企業という経済主体の間を結ぶシステムへと変化するため，システム開発方法が変化するだけにとどまらず，必要なビジネス知識がビジネスプロセスや各種マネジメントの理解，企業内の変革受容管理だけではなく，デジタルを使った顧客を巻き込む企業間の競争ダイナミズムにまで及ぶようになっています。

　戦略論と情報システムの両方の理解を備えた人材は，現状極めて少ないというのが実情です。最近，デジタルを熟知した企画人材へのニーズが多くの企業から聞かれますので，読者には本書を入り口としてそこへの第一歩を踏み出していただけることを切望します。本書は，このように，企業の経営者の方々，企業や事業の企画やITに携わってこられた方々の両方を読者として想定しています。

　デジタル化に関しては，GAFAを筆頭とする大手プラットフォーマーがインターネット上に大帝国を構築し，その支配力が強調されていますので，既に勝敗の決着がついてしまっているかのように思われている方も多いと思います。しかし，絶大な支配力を持つと考えられたNetflixに対してディズニーが独自サービスであるディズニープラスを立ち上げ，アパホテルがアパ直を仕掛ける

など，従来ネットワーク効果として絶対視されていたプラットフォームの支配力には陰りが見え始めました。

　また，IoT や制御など日本勢が強みを持つモノ絡みのデジタル化は緒に就いたばかりであり，5G などの技術の開発と展開をきっかけとして，今後大きく進化するものと考えられます。それらの領域でのビジネスのデジタル化に伴う競争には，まだ決着がついていません。

　本書は，デジタル技術そのものよりも，デジタル化による産業構造変化や競争優位性の変化，それを前提とした提供価値やビジネスモデルなどの戦略の変化といったビジネスインパクトに焦点を当てています。これらとともにデジタル化による競争ダイナミズムの変化や技術による競争へのインパクト，更には，デジタル化に伴う企業の組織や文化の変化，それらに起因するデジタル化の阻害要因など，デジタル化に伴うビジネス上の課題を網羅的に扱うことに心がけました。その意味で，読者におかれては，本書をデジタル・ビジネスへの道案内として使っていただけるものと考えます。

　本書の特徴はまず，情報系と言われる，人が生成する情報の賢い使い方から得られる世界のみならず，IoT によってその可能性が広がる制御の世界や膨大な計算力を駆使する AI などの技術を前提とした競争も対象としていることです。今までのデジタル化の書籍は，GAFA など B2C の世界や，小売などの誰にでも目の届きやすい世界を対象にしたものが多く，それらは一般の読者にとって理解しやすいものの，今後産業の本格的なデジタル化を担う方々にとってはいささか表面的に過ぎ，物足りないものと思います。

　本書は，設計や研究開発など，普段目にすることのないバリューチェーンデジタル化にも踏み込んで言及しています。また，本書では B2B の産業，素材やエネルギーなどのデジタル化とは無関係だと思われがちな産業のデジタル化にも言及し，それらの産業の方々のニーズに応えるものとなっています。更に，デジタル化をハードな戦略としてのみとらえず，現在の日本の IT サービス業界やそこでの丸投げ開発，請負型 SI といった商慣行，デジタル化を阻害する日本企業独特の組織文化にも筆者なりの考察を加え，デジタル化に関する包括的な変化全体を考察している点も，従来の書籍とは異なるものだと自負します。

　本書を著すきっかけとなったのは，ビジネス・ブレークスルー大学大学院における「デジタル時代の経営原理」という講義の制作でした。同大学院で戦略

論を整理して教えている筆者にとって，デジタル化は避けて通れないテーマである一方，この分野全体を整理してわかりやすく提供した講座ないし書物は世の中に存在しておらず，講義の構成と制作は筆者にとって大きなチャレンジでした。

　本書は，その私なりの努力の成果を書籍にしたものです。同講座の制作に関与されたビジネス・ブレークスルー大学大学院のスタッフの皆様にこの場を借りて感謝申し上げます。また，お名前は伏せますが，筆者をデジタル化の検討に参加させていただいたクライアント企業の皆様にも，多大な感謝を申し上げます。特に制御や，多くの産業バリューチェーンの高度化に関する知識は，クライアントの皆様を通じてしか得られないものでした。最後に，本書の意義を理解し本書を出版していただけた中央経済社の末永芳奈さんには，この場を借りて，特別な感謝を申し上げます。

2020年8月

今枝　昌宏

第 3 部　デジタル化の実現とその阻害要因の克服

第 0 部

デジタル化総論

第1章

デジタル・トランスフォーメーション（DX）の意味と重要性

1．デジタル化とは何か：デジタル・トランスフォーメーションの定義

　産業のデジタル化は，商業用のメインフレーム・コンピューターが登場した1960年代から脈々と続いてきた大きな流れであり，それは今後も続いていくことは間違いありません。しかし，最近になりその技術進歩が加速された結果，デジタル技術がコストダウンのツールから抜け出し，競争優位の獲得に不可欠なものとなり，多くの産業で産業の在り方そのものを変化させるドライバーとなっています。このデジタル化による競争や産業の在り方の変化を解き明かし，それを戦略に反映できるようにすることが，本書のテーマであり，目的です。

　デジタル化による企業変革は，**デジタル・トランスフォーメーション**（DX：Digital transformation）と呼ばれており，これにいち早く対応すれば今までにない競争優位が得られる反面，対応が遅れると競争から振り落とされ，市場からの退場が迫られます。デジタル・トランスフォーメーションは，既に多くの人が使うビジネス用語となりましたが，その全容をとらえるために，まずは経済産業省やIT アナリストがデジタル・トランスフォーメーションをどのように定義づけているかを見ることが有益です。

　経済産業省：企業がビジネス環境の激しい変化に対応し，データとデジタル技術を活用して，顧客や社会のニーズをもとに，製品やサービス，ビジネスモデルを変革するとともに，業務そのものや組織，プロセス，企業文化・風土を変革し，競争上の優位性を確立すること

IDC 社：企業が外部エコシステム（顧客，市場）の破壊的な変化に対応しつつ，内部エコシステム（組織，文化，従業員）の変革を牽引しながら，第3のプラットフォーム[*]を利用して，新しい製品やサービス，新しいビジネスモデルを通して，ネットとリアルの両面での顧客エクスペリエンスの変革を図ることで価値を創出し，競争上の優位性を確立すること

（＊）　第3のプラットフォーム：メインフレーム，クライアント / サーバーに代わるシステム基盤で，モバイル，ソーシャル，ビッグデータ，クラウドを柱とするもの

　これらの定義には，顕著な共通点があります。

　まず，デジタル・トランスフォーメーションは外部環境の激変に対応したものだということです。外部環境の変化とは主にデジタル技術の進化を指しますが，それによって市場や産業バリューチェーンに変化が生じ，企業としては対応せざるを得ない，対応しないと倒産しないまでも，経済的成長や利益が得られなくなってしまうということです。この環境変化は，市場の全てのプレーヤーに影響を与え，従来とは根本的に異なる産業構造の変化をもたらしますので，全てのプレーヤーはこの変化から逃れることはできません。

　次に，デジタル化の対象は大きく2つあり，それは企業の顧客へのアウトプットである提供価値と企業内部の価値創造の仕組み（ビジネスモデル，内部エコシステム）だということです。企業は，これらの2つのデジタル化を真剣に考えなければならないのであり，これらのどちらか一方のデジタル化では不十分です。本書でも，提供価値のデジタル化とそれに伴う顧客関係の変化と，価値創造の仕組みのデジタル化の両方を見ていくこととします。

　提供価値のデジタル化は第2章で取り扱い，プラットフォームによる顧客関係のデジタル化は第3章で取り扱います。また，価値創造の仕組みであるバリューチェーンのデジタル化は第4章で扱います。ビジネスモデルの要素としての資源のデジタル化については第5章で，更にプライシングについては，第6章で扱います。第2章から第6章までは，多くの企業でビジネスモデルを描くための標準的なツールとなっているビジネスモデルキャンバス（BMC）に概ね対応した構成となっています。

　提供価値とビジネスモデルは個々の企業に関することですが，最近のデジタル化の特徴は，1企業の内部のみならず，複数の企業で共有する仕組みや企業を結ぶ仕組みがデジタル化されたり，創設されたりするようになってきている

ということです。これらの仕組みを通じて，企業間のインタラクションが生じ，企業間の競争関係や協業関係に変化が生じるとともに，産業そのものの在り方が変化します。

最近のデジタル化を支える技術は，IDCの定義にあるようにクラウドやモバイル，ソーシャルなどであり，それらの技術は，経済主体を超えて社会全体をつなぎ合わせ，連動させる効果を生み出します。競争ダイナミズムの変化として，読者に知っておいていただきたい内容は，一方では共通機能が切り出されて融合するプラットフォームのダイナミズムであり，もう一方では産業や企業の機能が細分化されプラットフォーム化されていくモジュール化のダイナミズムです。

プラットフォームについては第7章で，モジュール化とそれによって分解された機能の再結合としてのエコシステムについては第8章で，それぞれ見ていくこととします。更に，産業全体でのデジタルによる変化の例として第9章では○○テックと呼ばれる産業やテーマごとのデジタル化を，更にそれを支える技術の視点から見たデジタル化インパクトを第10章で扱っています。

最後に，デジタル・トランスフォーメーションは，提供価値やその創造システムのデジタル化とそれに伴うハードな戦略の変化にとどまらず，組織や文化の問題でもあるということを，これらの定義は共通して述べています。日本企業のデジタル化が遅れており，デジタル・ビジネスで出遅れている原因は，実にここに多くの問題があるからだと筆者は考えています。製品やサービス，ビジネスモデルだけをデジタル化し，組織や人員，文化などは以前のままということは，不可能なのです。

ここ30年以上，世界経済は成長しているのに日本経済はほとんど成長してきませんでした。また，労働生産性は，2019年の調査においてOECD加盟36カ国中21位です。それらの原因のかなりの部分は，デジタル化の遅れにあることは明白です。日本企業は，デジタル化を梃子として革新的な企業に生まれ変わるべきなのですが，それができない根本的な問題は，情報技術自体の遅れよりも情報技術を取り入れられない組織側にあります。組織，人員，文化などの側面は第11章と12章で取り扱います。

なお，デジタル化の程度を表す言葉として，デジタル化にはデジタイゼーション，デジタライゼーション，デジタル・トランスフォーメーション（DX）

などがあります。**デジタイゼーション**（Digitization）は従来アナログで行われていたものの単なるデジタル化，デジタル・トランスフォーメーションは製品・サービスやビジネスモデルという戦略要素のデジタルによる根本的な変革や，デジタルでしか実現できないような価値の創造を指すものと理解できます。**デジタライゼーション**（Digitalization）はその中間の，BPR（Business Process Re-engineering）などデジタルによる事業の最適化，効率化を図るものととらえればいいでしょう。このような定義で言えば，本書でのデジタル化はデジタル・トランスフォーメーションのレベルの規模や影響が大きなデジタル化を目指すものということができます。これらの区別は，デジタイゼーションやデジタライゼーションのレベルの変化にとどまることなく，デジタル・トランスフォーメーションレベルの変革を目指すべき，というシンプルな戒めだと理解すればよく，個々の定義自体にそれほどの重要性はない，と筆者は考えます。

なお，デジタル・トランスフォーメーション（DX）は，変革を遂げられない既存企業，デジタル化されていないエスタブリッシュメント企業を対象に，その企業変革を表した言葉です。本書はデジタル・トランスフォーメーションを扱う書物ではありますが，本書で扱うビジネスのダイナミズムは，スタートアップ企業の経営者も知っておくべきことであり，既存企業に競争を挑むスタートアップ企業を企画する，あるいは成長させる上においても，同じ内容を適用できると考えています。

2．なぜ今デジタル化が重要なのか

デジタル・ディスラプションの脅威と産業構造変化

今，大胆なデジタル化を考えなければならない理由は，競合他社や新たな参入者によってデジタルを用いた仕掛けを作られ，その結果，業界構造が突然変化し，顧客を他社に奪われ，市場からの突然の退場を余儀なくされることが起こるからです。これを**デジタル・ディスラプション**（Digital disruption）と呼んでいます。

例えば，タクシー業界にUberやGrabのような配車プラットフォームが出現することにより，従来のタクシー事業者は顧客を配車プラットフォームに奪われ，自ら顧客と直接取引することがなくなってしまいます。これは，従来の

産業バリューチェーンにタクシー使用のための配車プラットフォーム運営とい	う機能が出現し，顧客との直接的な関係を奪ってしまうような段階が付け加わり，産業構造に恒久的な変化が生ずるからです。このような顧客が製品・サービスの使用管理を行うことを可能ならしめるプラットフォームを本書では Usage Management Platform（UMPF）と呼んでいますが，この機能を第三者に奪われてしまうと，その第三者の手の内でしかビジネスができなくなってしまいます。UMPF については，第3章で取り扱います（図表1-1）。

UMPF の出現以外にも，デジタル化による提供価値や産業のモジュール化やデジタルを使ったエコシステムの形成が生じており，これに対応できない企業はエコシステムから脱落していきます。また，デジタル化が遅れた付加価値が低くコストの大きいチャネルは中抜きされてしまいます。

従来の情報技術は，社内プロセスを自動化したり，社内プロセスを変革（BPR）したりする道具でした。これに対し，最近のデジタル化は競争自体を規定するものとなっています。兵器や装備の破壊力が強大になるにつれて軍事戦略そのものに変化をもたらしているように，情報技術のインパクトが増大するにつれて，事業戦略もその理解なしには立案できなくなっているわけです。情報技術が産業のダイナミズムに与える変化は，本書の第2部全体のテーマとなっています。

[図表1-1]　デジタル化による産業構造変化

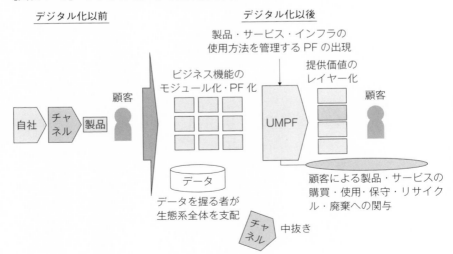

Winner takes all

　今，デジタル化を考えなければならない更なる理由は，デジタル化された世界では，覇者は多くの場合1社ないし極めて少数の企業のみとなってしまうためです。だからこそ早くデジタル化の試みを開始し，デジタル化された競争の中でシェアを早期に獲得しなければならないのです。この，1社のみが覇者となる現象を Winner takes all（WTA）と呼んでいます。

　規模の経済，つまり規模が大きいほど提供価値当たりの費用が低く抑えられ収益性が高くなる現象は今までも多くの産業で生じていますが，デジタルでは，規模による優位が先鋭的に働くのです。それは，以下のような理由に因ります（図表1-2）。

　WTA が機能する第1の理由は，いわゆるネットワーク効果が働くからです。デジタル・ビジネスにおける価値提供は，多くの場合プラットフォームを通じて行われます。プラットフォームにおいては，他の顧客や事業者がプラットフォーム上に存在し，それらとの相互作用がプラットフォームの大きな価値となっているのが普通であり，そのため顧客が大きなプラットフォームを選択し，更にそれが顧客の加入を誘発するという好循環を生じます。このため，大きなプラットフォームがより強く大きくなってしまうため，後発が参入したり，シェアを逆転したりしにくくなります。ネットワーク効果については，第7章で説明します。

　第2の理由として，デジタル・ビジネスにおいては，多くの場合システム開発費用やサーバー費用が主たるコストであり，これらはいずれも固定費的であって，業務運営のための総費用は顧客の数にかかわらずほぼ一定であること

[図表1-2]　Winner Takes All が生じる原因

が多く，規模が大きな企業が極めて大きな利益を得られるからです。もちろん，シェアリングなどのビジネスモデルの場合，サーバーやソフトウエア以外の資源を抱えることも多くありますが，その場合も，資源集約による稼働平準化とそれによる投下資源量の節約のメリットは，規模に従って大きくなると言えます。このように，規模が大きいことにより得られた競合よりも格段に大きな利益をサービス革新やマーケティングに投じる結果として，大きな事業者が更に勝ち続けることができる一方，小規模な事業者は，少数の顧客に大きな事業者と同じだけのオペレーションコストをかけざるを得ず，イノベーションのための資金を得られなくなります。

　第３の理由は，事業の規模が大きければ大きいほど，顧客からのフィードバックが増え，データが蓄積されることによって製品・サービスを進化させたり，顧客体験を改良したり，また事業展開のリスクを軽減したりできるようになるからです。これは，従来のビジネスでも生じているのですが，デジタルでは一旦顧客と取引関係に入ると，ネットワークを介して常に顧客からフィードバックを受けるようになるため，顧客を更に知り，製品を改良できる機会が格段に増加するのです。顧客側から見れば，デジタル・サービスを使えば使うほど自己に関するデータが事業者側に蓄積され，スイッチングコストが上がり，競合に乗り換えにくくなっていきます。

　第４の理由となるのは，デジタルの世界では一旦人気を博して顧客を得ると，その顧客との関係が継続的になるとともに，顧客コンタクトの仕組みを他の市場に転用できることが多く，また多くの成功者が実際にそれを行っているからです。Google やヤフーが自社の，あるいは買収したサービス間で顧客を送客していることは周知のとおりですし，スマートフォンに１つのアプリをインストールさせると，そのアプリで様々なことを行わせようとする，いわゆる**スーパーアプリ化**という現象が多く見られます。但し，この現象のもたらす力が，実は限定的であることは，第７章で解説します。

　最後の理由は，社会全体の最適をある１社が先に実現してしまうと，もうそこに追い付くことが難しくなってしまうことです。IDC が言及している第３のプラットフォームを支えている技術，すなわちクラウドや5G，ブロックチェーン，ソーシャルなどの技術は，全て社会的規模の通信や調整を行い，社会全体の最適化を支える技術です。今後のデジタル化の対象は企業内ではなく，企業間，個人間のつながりに移行することは既に述べましたが，支配的な企業

が社会全体としての最適化に近づくにつれ，後発企業がそれ以上の効果，効率を提供することが難しくなっていきます。

3．デジタル・ビジネスの成功要因

　以上のことから，デジタル・ビジネスにはいくつかの鉄則があると考えます。

　まず，**ビジネスの立上げと展開を迅速に行うべき**だということです。デジタル・ビジネスは，先にスタートした者が勝てるゲームです。ビジネスの展開が遅れれば遅れるほど，顧客からのフィードバックが遅れ，競合に製品・サービスの機能で差をつけられるだけではなく，競合に顧客データをためこまれるため顧客のスイッチングコストが上がり，顧客が競合のシステム上でコミュニケーションするために他の顧客を引き込む（ネットワーク効果が働く）ことになって劣勢を覆すことができなくなってしまいます。

　そのため，競合よりも事業の検討を早く行うだけではなく，多少品質的に問題があったとしても，それが顧客にとって意味のあるものであれば**早期に市場投入**してしまい，提供開始後に機能や品質を改良していくという事業展開の方法が必要です。デジタル・ビジネスでは，サービスはクラウドで提供されていることが多く，常時接続による提供を前提とするため，提供されるサービスの進化は断続的なバージョンアップではなく，漸進的な進化を遂げていくことになります。

　また，顧客に価値を一度にデリバリーしてしまうのではなく常時サービス内容を変更できるため，比較テストのような並行的・実験的なサービス提供が可能となります。このため，今までの新モデル開発やマイナーチェンジというバッチ式のイノベーションに慣れていた企業は，常に細かな試行と進化を繰り返すような**斬新的イノベーション**の方法に慣れていく必要があります。

　しかし，これは簡単なことではなく，企業の組織原理から変えていかなければなりません。漸進的なイノベーション方法については，第11章で見ていきます。また，日本独特のITサービスが孕む問題もあり，それについては第12章で考察します。

　更に，デジタル・ビジネスは従来の情報技術の適用対象である社内プロセス自動化のために発達してきたシステム開発手法や受容性管理の手法では太刀打ちできず，デジタルを使った競争手法を理解する必要があります。

　近年のデジタル・ビジネスは，社内プロセスのデジタル化ではなく，企業間や企業と顧客の間のデジタル化であるということは既に述べました。そのため，企業と顧客，企業間で働く競争ダイナミズムを適切に理解してデジタル化の施策を繰り出さなければ，施策自体が無駄になってしまう可能性があるわけです。

　読者の中には，今まで情報産業に身を置き，ビジネスプロセスのシステム化やその変革受容性管理に従事されてきた方々も多いと思いますが，これからのデジタル化は今までの社内のシステムの開発とは根本的に異なるということを理解してください。**戦略論としてデジタル・ビジネスを見る必要**があり，それがまさに本書全体のテーマとなっています。これからのデジタル・ビジネスでは，社会全体をデジタル技術を使って一体化し，社会全体のプロセス合理化や資源共有による最適化を成し遂げるものになりますので，**社会全体，産業全体の合理化の視点**が重要になり，そのためには今まで前提にしていた**社会ルールを再形成する必要**（第11章で解説）が出てきます。

　しかしながら，既に述べたように，戦略と情報技術が交錯するデジタル・ビジネスを企画できる専門家，社会全体の効率化をデジタル視点で発想できる専門家は，非常に少ないのが実情です。今までは，IT技術はコストダウンの道具であり，社内のマネジメントを巧妙に行う道具，戦略を実現する道具にすぎませんでした。このため，事業企画や戦略コンサルタントたちは情報技術を勉強してきませんでしたし，戦略がITに先んずるものとしてIT技術を軽視しているきらいがあったと思います。人は知らないことを軽視するものなのです。

　反対にITのコンサルタントやシステムエンジニア（SE）にとっては，戦略は所与であり，それを聴取した上で情報システムを構築してきたというのが実情です。情報技術の進歩によるビジネスインパクトは増大の一途をたどり，今後はデジタル技術こそが戦略をドライブすると言っても過言ではありません。読者におかれては，本書をきっかけとして戦略と情報技術の両方に精通され，今後の日本のビジネスの成長をリードしていただくことを期待します。

第 1 部

デジタルによる戦略の変容

第2章から第6章までは，デジタル化による提供価値やビジネスモデルという戦略の内容の変化を見ていきます。産業全体の変化を論ずる前に，まずは企業に起こるデジタル化の変化を見ていただきたいという趣旨です。ここでは，ビジネスの要素を網羅的に見ていくためにも，概ねビジネスモデル・キャンバス（BMC）と呼ばれるフレームワークに沿って解説しています。

第2章

提供価値のデジタル化

1．製品のデジタル化

製品デジタル化の典型的パターン

　製品のデジタル化によりもたらされるメリットは，使用履歴やコンテンツの記録，検索，共有，複製などの容易さ，処理装置の他目的との共用，自動制御，更にネットワークと結びつくことによる送信の容易さ，他の製品との協調，外部からの情報取得などの可能性が広がることなど多岐にわたります。製品の販売後に制御ソフトウエアをネットワークを通じてアップデートできることも，大きなメリットです。

　カメラやウォークマン，ワープロなどの身の回り品は，ほとんど全て，まずは単純に今までの機能のままデジタル化され，その後にソフトウエア化してPCやスマートフォンに収納され，ネットワークを通じたSaaS（Software as a Service）へと進化していきます。カメラやウォークマン，ワープロのみならず，録音機，POS，各種ハンディーターミナルなど，身の回りの小型電子製品は全て，単純にデジタル化した後に，PCかスマートフォンに取り込まれて，ネットに接続されてSaaS化されてしまっていると言っても過言ではないでしょう。

　注目すべきは，多くの場合，この過程で製品を製造・販売している企業が入れ替わっていることであり，企業が一度業界支配を達成した後，従来の製品に胡坐をかいている間に，次の世代の事業者が市場を席巻するというディスラプションが生じてしまっている様子が見て取れます。これは，イノベーションのジレンマ（第11章で解説）が生じることが原因かもしれません。自社の製品がこの流れの只中にいる企業は，今後この流れから離脱することがないようにデジタルでの製品開発を進めなければなりません。しかし，現実に生じる現象は，

この過程を進むにつれてデジタル部材が汎用化し，すり合わせの妙を活かせず，ソフトウエア化して限界費用が極小化する結果，製品価格が極端に低下してしまい，自社のかつての製品の収益性を落としてしまうため，積極的にこの道を進めないというのが実情なのではないでしょうか。特に日本人はモノにはお金を払っても仕方がないと考える傾向にありますから，ハードウエアが絡むと顧客に大きなお金を払わせやすいという感覚があると観察しますが，これがデジタル化を行うハードルになってしまっているようです。

製品からの情報フィードバック

　多くの製品で，デジタル化した後にネットワークへの接続が行われることは，既に述べたとおりですが，これにより，顧客の手元で稼働する製品からメーカーへの情報フィードバックが行われるようになります。従来は，製品は売ったらその後は顧客がその製品をどう使おうが，製品がどのような状態にあろうが知る由はありませんでした。製品が企業とネットワークでつながり続けることができるようになったおかげで，企業は製品から継続的な情報を得ることができるようになりました。その情報を企業は次のように活かしています。

　まずは，製品の現在の状況を検知できるため，補充品や保守のニーズを検知することができ，例えば潤滑油，油圧作動油，フィルタ類などの交換ニーズや，エンジン排気温度が上昇しているので保守が必要だというような製品の予定外停止につながる予兆を企業側で検知して，保守ニーズの把握と顧客への告知，提案につなげることが可能になります。

　この分野のデジタル化の先駆けは，コマツのKOMTRAX（図表2-1）ですが，KOMTRAXでは消耗品や保守ニーズの検知の前に，盗難が起こった際に製品の位置を追跡すること，追跡されることを広く知らしめることによる盗難防止が開発動機だったということです。この追跡機能によって，顧客の支払う保険料が安くなるという副次的効果も生じました。他にも，運転員による運転状況を監視して顧客である建設会社に報告したり，顧客への製品の販売代金が滞納された場合に製品の稼働を停止させたりするという積極的な制御の機能も盛り込まれています。販売後の製品とデジタルでの接続を維持することによって，更に後に述べる自動運転やAPMにもつながります（図表2-2）。

[図表2-1] コマツの KOMTRAX

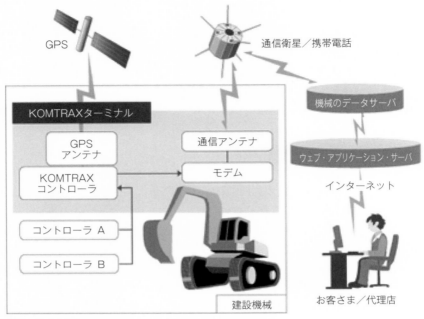

GPS

通信衛星／携帯電話

機械のデータサーバ

KOMTRAXターミナル

GPS
アンテナ

通信アンテナ

ウェブ・アプリケーション・サーバ

KOMTRAX
コントローラ

モデム

インターネット

コントローラ A

コントローラ B

建設機械

お客さま／代理店

出所：コマツ HP

[図表2-2] 製品からの情報フィードバックにより実現できること

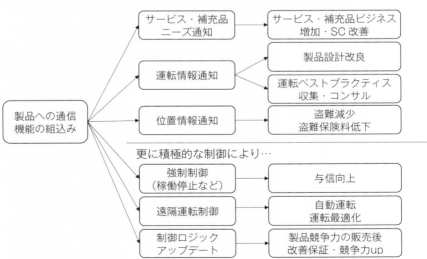

製品への通信
機能の組込み

サービス・補充品
ニーズ通知 → サービス・補充品ビジネス
増加・SC 改善

運転情報通知 → 製品設計改良

運転ベストプラクティス
収集・コンサル

位置情報通知 → 盗難減少
盗難保険料低下

更に積極的な制御により…

強制制御
（稼働停止など） → 与信向上

遠隔運転制御 → 自動運転
運転最適化

制御ロジック
アップデート → 製品競争力の販売後
改善保証・競争力up

自動運転・自動保守と協調制御

　デジタル化，ネットワーク化されることによる更なる効用は，自動運転や自動保守が可能になることです。自動運転においては，ネットワークでセンターと接続することにより，運転による経験値をデータとしてセンター側に蓄積し，その経験値をセンターに接続されているすべての機器の運転に反映していくことができ，これが人間による運転との違いを生じさせます。1人の人間が経験できる運転量とクラウド化された自動運転では経験量に圧倒的な差が生ずるのです。クラウド化された自動運転では，最も効果的，効率的な運転方法を収集し，これを自動的に顧客全体にフィードバックできます。また，他の機器が獲得した知識を全体で共有することができます。例えば，先を走る自動車の車載カメラやレーダーにより落下物を検知すれば，後続車はこれを回避する運転を行うことができます。

　自動運転は，多くの場合，運転員をなくすことにより，安全性の向上につながります。崩落の危険がある鉱山や山奥の斜面で建機を運転することや，数百度，数百気圧での熱油が循環する石油精製装置，千度を超える湯が煮えたぎる製鉄装置を運転することから運転員を解放することの意味は大きいと言えます。

　また，自動運転により，機器は運転員の交代なしに24時間稼働し続けられるため，機器の稼働率の向上にも大きく寄与します。運転精度が向上するため，製品のアウトプットの品質が各段に向上します。ちなみに，運転員が必要ないということは，製品やその作業対象を照明する必要もないため，工場の内部照明や自動車の前照灯は近い将来なくなるかもしれません。

　複数の機器をセンターに接続して運転する更なるメリットとして，複数の機器を共調制御できるということを挙げることができます。クボタは，圃場の形状を計測した上で，複数の農機を投入した場合に最も効率的に耕すことができる経路を計算して，複数の農機を制御してこれを実現します。コマツは，複数のトラックの運行を同時に制御することにより，積載や荷下ろしの時間の最小化を図り，積載に関与するショベルに重量計を搭載して法定積載量ギリギリまでの積み込みを可能にしています。三菱重工の10式戦車は，同じ部隊に属する他の戦車と戦場でネットワークを形成して共調することにより，敵に対してより効果的な攻撃を加えることができます。

　筆者のこれまでのコンサルティング経験から，機器のメーカーが製品のデジタル化を考えるとき，運転よりも保守のデジタル化を先に考える傾向があると

思います。運転は顧客の専権領域であり，そこは侵してはならず，一方保守は今までもメーカーが関与して行ってきた領域であり，設計情報や交換部品の供給が活きる領域であるため，自社によるデジタル化を発想しやすいのです。しかし，製品の効用は，当然ながら運転によって発揮されるものですから，メーカーも可能である限り常に自動運転の提供を考えたほうがいいでしょう。自動車の自動運転の研究は，第9章で見るとおり，他の種類の製品に先行しており，相似形の産業である建機や農機も，車両や道路交通に関する規制がないため進んでいるということができます。しかし，ドローン制御などは，まだ緒に就いたばかりですし，多くの機器の自動運転が試みられていない状態であると考えます。プラントや発電所など設備の自動制御なども含め，様々な機器の自動制御が今後実現されていくものと予想します。

アセット・パフォーマンス・マネジメント（APM）

最後に，APM（Asset Performance Management）という概念をご紹介します。

製品は，出荷時点ではどれも全て同じものです。しかし，製品の稼働環境は千差万別です。販売後に製品の稼働環境を検知して，制御ソフトウエアを遠隔から書き換えることにより制御ロジックを更新し，個々の製品の稼働環境における性能を引き上げていくことを**アセット・パフォーマンス・マネジメント**（**APM**：Asset Performance Management）と呼んでいます。

例えば，風車は設置後にはSCADA（Supervisory Control And Data Acquisition）と呼ばれる監視制御用のコンピューターに接続されますが，これにより個々の風車の置かれた風況を検知し，それに合わせて風車のブレードのピッチ角度を制御して風況に対して最適な状態に調整します。それによって風車の発電量が数％向上し，ウインドファーム全体では大きな発電量の増加につながります。同様に，エレベーターの待機階を時間によって変更したり，特定の時間帯には個々の階にこまめに停止するよりもバルク輸送を優先させたりすることによりエレベーターのシステム全体の輸送力や顧客全体の満足度が向上します。

APMは，後に説明するマネジメントの一種であり，今までになかった種類のマネジメント方法がIoTの登場により付け加わったと見ることができます（図表2-3）。

[図表2-3] アセット・パフォーマンス・マネジメント（APM）

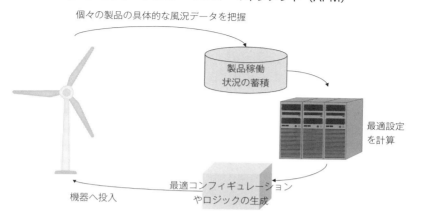

個々の製品の具体的な風況データを把握

製品稼働
状況の蓄積

最適設定
を計算

最適コンフィギュレーション
やロジックの生成

機器へ投入

2. サービスのデジタル化

　サービスは，人や設備などの資源を事業者が運用し，そこから得られる効用を顧客に販売するビジネスです。デジタル化はその過程に関与して，サービスの質の向上や顧客満足の向上，コストダウンや資源投入量の減少に寄与します。サービスのデジタル化では，次に見るように，デジタル技術による資源の人からコンピューターやロボットなどへの設備の置き換え，サービスの提供と資源とのマッチング精度の向上，サービス需要や設備キャパシティのマネジメントなどが行われています。

サービス資源の人からデジタル機器への変更
　従来，人が行っていたサービスをコンピューターやロボットなどの機械設備で行うことができれば，大きな費用削減，価格の引き下げにつながるだけではなく，作業品質の揺らぎをなくして顧客満足の向上につなげることができます。
　多くの銀行ではATMなどの機械を適用できる範囲を拡大させており，最近は不定形な振込書などもAI（Artificial Intelligence，人工知能）で読み取って処理できるようになっています。これにより，銀行は窓口業務を行う職員の数を大幅に減らしています。職員の数の削減は，単純にその人件費だけではなく，オフィススペースの削減にもつながります。

17

　回転寿司では以前から給仕をコンベイヤーで行っていますが，最近では寿司を見込生産して回転させるのではなく，受注生産して個別に高速のコンベイヤーで提供する方式を採る店舗が増えています。これにより，食材の無駄がなくなるだけではなく，発注がタッチパネルから電子的に記録されるので，迅速な精算ができ，店舗回転率向上につながります。

　このようにサービス提供のための資源の人から設備への変更は，デジタル技術の進化により，その適用範囲を拡大していますが，従来，人しかできないと考えられていたプロフェッショナルサービスにも，コンピューターによるサービス提供が浸透してきており，これがサービスにおける最近の１つのデジタル化のパターンとなっています。

　例えば，医療では，内視鏡からの映像を AI で解析して初期癌の確実な発見につなげていますし，PwC や KPMG などの大手監査法人は，顧客の ERP やメールシステム，勤怠情報などにアクセスして不正の兆候を見つけ出す AI を開発しており，これによって監査業務の精度向上，大幅な会計士の削減などが近い将来実現するものと考えられます。

　金融では，ウェルスナビや THEO などがロボットアドバイザーによる自動投資サービスを提供されており，これらは今のところ ETF のような低リスクの商品のみを投資対象としていますが，近い将来もっと積極的にリスクを取った投資にまで対象が拡大されるものと予想します。

サービス資源と需要のマッチング精度向上

　サービスにおいては，通常，プロフェッショナルや座席，伝送能力などに資源制約があるためサービスのキャパシティも制約を受けます。このため，資源の確実な割り当てが顧客満足を向上させる一方，資源稼働率の向上がサービス業の収益性を向上させ，更にはコストダウンによって価格や需要へ反映をもたらします。このことは，サービス企業のスコアカードを見ると，必ず資源稼働率が現れることからも確認できます。

　ウェブによるレストランや列車，飛行機などの予約が簡単に行われるようになるのは，最も単純で利便性も高いデジタル化ということができ，既に広く行われているところです。

　更に進んだ予約管理の例として，JR 東海は，エクスプレスカードのサービスで，顧客にスマートフォンから無料で何度も東海道新幹線の予約の変更を無

料で許容し，顧客の需要に応じた座席との最適なマッチングを提供しています。これは，新幹線の運行密度が高いことを利用して，航空機に対する新幹線の利便性を大幅に向上させるものです。

Japan Taxi などのタクシー配車アプリは，顧客と空車タクシーの位置をGPS で探知し，顧客とタクシーとのマッチングを行い，タクシーによる顧客指定場所への迎車を可能にしています。Times や ShareNow（旧 Car2go）などのカーシェアリング，東京で行われているドコモの自転車シェアリング，世界各地で行われている Lime のキックボードシェアリング，P2P の駐車場シェアリングである akippa なども，GPS を使って資源マッチングを可能にしています。

マッチング精度を上げるために，推奨（recommendation）も行われます。サービスにおいては，通常，顧客と継続的に関与するため，顧客の選択や使用に関するデータを蓄積できます。それを使って顧客に推奨を提供することもデジタル化のパターンです。

資源投入量の予測とダイナミックな変更

サービスビジネスでは，その性質から，資源の稼働率が収益性を大きく左右することは既に述べました。そのため，過去の需要量やネットを通じたイベント情報，評判の収集などから需要量自体を予測することができれば，顧客の需要に応えられない不満を解消できる一方，投入資源量をダイナミックに変更し，顧客の利便性と事業者の収益性を上げることができます。

例えば，鉄道需要を予測しダイナミックにダイヤを組み替えることが考えられます。日立製作所と西日本鉄道は，バスの運行計画策定で協力すると発表しています。これはまずは需要予測を固定的なダイヤ作成に反映するものですが，将来的には対象エリアの拡大とともに，天候やイベントなどの情報に基づくダイナミックな運行計画の変更を視野に入れているものと見られます。福岡市が進める MaaS（第9章で解説）がこの方向に進化していくことが期待できる取組みだと言えるでしょう。

更に，航空業界では，様々なデータから路線需要の予測が行われています。航空輸送は他の輸送方法と比較して，固定費としての軌道が存在しない一方，輸送具が高額であるため変動費が大きく，また資源投入量の自由度も大きいため，需要に極めて敏感であり，需要の予測を誤ると座席稼働の低下を招いて収

段階

段階

益性の悪化を招き，あるいは需要増加による売り逃しが生じてしまうからです。このような状況下では，デジタルによる需要予測精度を，AIなどを使って向上させることが試みられています。

サービス需要量の調整，需要の時間シフト

　需要の予測にとどまらず，需要自体の量をデジタル技術で変更することにより投入する資源の稼働率を向上させることも行われています。需要が平準化されれば，投入する資源を有効に使うことができるからです。最も多く用いられる方法は，サービスを利用する時間によって価格を変更することであり，**ダイナミック・プライシング**と呼ばれています。過去の需要量や競合の価格，過去に観察された価格感応度などをもとに，価格を変更することにより需要を制御するのです。価格感応度は個人によって異なるため，個人を選択的に対象としたクーポニングによるインセンティブ付与も可能です。

　なお，ダイナミック・プライシングは，サービスだけの問題ではなく，モノの販売についても考えられます。ダイナミック・プライシングについては，第6章で更に考察します。将来的には，価格のみならず，ポイントプログラムや様々なソーシャル技術が需要平準化，需要制御のために使われるものと予測します。

　ダイナミック・プライシング以外の方法として，電力のVPP（第9章で言及）のように，需要機器の稼働を直接制御して，それを受け入れる顧客に対してインセンティブを支払うことも考えられます。

製品からサービスへ

　資源と需要とのマッチングの精度が上がり，顧客の需要に資源の供給がいつでも応えられるようになり，デジタルにより使用量の検知も行われて使用量に応じた支払いを行うことが可能になると，顧客としては製品を購入する動機はうすれ，その効用をサービスとして購入したいと思うようになります。使用量に応じた支払いのほうが通常総額として安価なだけではなく，変動費化することにより損益分岐点を下げ，事業リスクを下げることが可能となるからです。サービスとして提供を受けたほうが，製品のメンテナンスコストや手間が省けることも利点となります。

　製品の販売者側にとっても，製品を販売してしまうと，その時点で顧客との関係は一旦終了し，その後の顧客への関与を失いかねませんが，サービス契約

であれば継続的で終わりがない，あるいは自動延長される契約に持ち込めます。このため，デジタル技術はいわゆる**モノのサービス化**（as a Service）という現象を後押しします。

　多くの製品のデジタル化による典型的なマイグレーションパスとして，結局SaaSに行きつくことは，既に述べました。ソフトウエアではないモノのサービス化の例として，例えばブリヂストンは，法人顧客に対してタイヤを販売するのではなく，車両の走行をセンサーで感知した上で，最適時期にタイヤをリトレッドするサービスを提供しています。ロールスロイスは，航空機エンジンを顧客に販売することなく，稼働時間当たりで顧客に課金するPower by the hourというサービスを行っています。このサービスも，稼働時間を計測するデジタルな仕掛けが前提となっています。

顧客間インタラクションの提供

　デジタル化の大きなメリットは，他者と通信したり，データを共有したりできることです。

　ウェブでのユーザーグループの設定や，ネスカフェアンバサダーのアンバサダーVOICEのような意見交換サイトの設置のように，比較的単純なものから，顧客間取引を可能にする仕組みもあります。オンラインゲームにおいて顧客間での対戦などを提供し，顧客が他の顧客とのインタラクションに依存するようになれば，ネットワーク効果の発生をも期待することができます。

　製品間の情報共有や協調制御のメリットは既に述べましたが，他にも例えば，土木や建築などのプロジェクトのように，多数の主体が参加することが当然であるような業務の場合，そこで使用するサービス（プロジェクト・マネジメントツール，図面データ共用，版管理サービスなど）は，他の顧客とのインタラクションを設定することにより，利便性を大きく向上させることができます。これについては，第10章に述べるエアラインへのチケッティング機能提供サービスのAmadeusの例も参考にしてください。

　なお，多くの場合，顧客間インタラクションはSaaSクラウドで行われるため便宜上，サービスに関するここで述べましたが，顧客間インタラクションを創設するメリットは製品間でも考えられます。サービスのデジタル化を目指す企業は，顧客間にどのようなインタラクションが提供できるのかを考えてみるとよいと思います。

3．顧客へのマネジメントの提供

　このようにデジタル化は，製品の性能向上，サービスの高度化，更にはモノのサービス化を促進しますが，更に進んで顧客に提供する価値として何らかのマネジメントを提供していくべきだと筆者は考えます。マネジメントとはPlan-Do-See（PDCA）を回して目的，目標に近づき，業績を向上させることです。顧客は製品やサービスを建物や道路建設や人の移動，作物の収穫など何らかの高次元な目的のために購入しています。その高次元の目的のために製品やサービスの使用を計画し，実行し，分析して修正を加えて更に実行をしていくというプロセス自体をデジタルな仕掛けで顧客に提供するのです。

　デジタル化によりマネジメントを提供できるのは，多くの場合，いわゆる情報系の技術と制御系の技術が統合された結果です。会計やサプライチェーンなどの情報系，いわゆるエンタープライズシステムは，多くの場合，計画系のシステムと実績系のシステムで構成されています。

　つまり，Plan-Do-Seeにおいて情報系システムは，PlanとSeeを担当するのです。ここに制御システムがDoを提供し，これらがシームレスに結ばれることにより，マネジメント全体が精緻かつ高速に提供できるようになります。Doは，製品や設備に取り付けられたIoT機器，制御機器によって行われますが，これらに追加された各種センサーにより膨大な情報が得られ，それを分析（See）してモデルを生成・ブラッシュアップし，そのモデルを使ってシミュレーションすることで最適値を得，それを計画として制御システムに送りこんで実行するというループを高速に繰り返します。シミュレーションの中で「見込み（forecast）」も得られることになり，未来に対して精度の高い打ち手を導出し，自動実行できます。

　どのようなマネジメントを行うかについては，製品・サービスの使われている目的や場面によって異なりますが，マネジメントによって価値を創造するロジックは，デジタル化される前とそれほど変わらないということができます。

　典型的なマネジメント方法を**図表2-4**に，デジタルによるそれらの高度化の典型例を**図表2-5**に整理しました。先に言及したAPMも一種のマネジメントと言うことができ，これらに加えて顧客に提供されます。

　例えば，コマツが提供している建設管理（construction management）は，

[図表2-4] 各種のマネジメント

	マネジメントの概要	目的	財務的効果	非財務KPI	典型的打ち手
SCM	製品・原料・中間品在庫の物流や生産の場所，プロセス，受発注・補充ポリシーを見直し，在庫を削減し，欠品ロスを減少させ，納期を短縮する。また原料やロットと製品との対応（追跡可能性）を確保する。	●在庫削減 ●リードタイム削減	●棚卸資産↓ ●欠品売上ロス↓	●在庫量↓ ●リードタイム↓	●需要予測と生産・物流の追従 ●生産段階変更
CRM	顧客を層化し，層ごとに優良顧客化するための施策を立案，実行するとともに，顧客に関する予算を優良顧客へ傾斜配分することによって，優良顧客の育成，離反防止を図る。	●顧客維持 ●顧客価値増大	●売上↑ ●販売費用↓	●優良顧客率↑ ●顧客単価↑ ●リピート率↑	●顧客プロファイリングと推奨，インセンティブ・リワード個別付与
EAM	部品の寿命を把握して部品交換期間を延長し固定資産投資を減らし，確実に部品を交換し，設備の予定外停止を防止する。部品在庫を減らし，保全工数を最小化する。	●設備保全	●設備投資（固定資産）↓ ●設備維持費用↓	●設備稼働率↑ ●予定外停止↓ ●部品在庫↓	●故障予兆検知と早期対策 ●部品寿命予測
PLM	生産，顧客の使用状況やアフターサービス，保守，輸送などから製品設計にフィードバックして製品の価値を高める。製品のライフサイクル管理を行い，競争力・製品力を高める。	●製品内容	●売上↑ ●製品開発費用↓	●製品需要性↑ ●製品耐久性↑ ●製品開発期間↓	●製造，販売，サービス，顧客からの情報フィードバック ●開発BPR
TQM	製品の不良を引き起こす原因を探索して対策を行うことを繰り返すことにより，製品の品質を高め，歩留まりを向上させる。	●製品品質 ●歩留まり	●売上↑ ●製品原価↓	●歩留まり↓ ●収率↑	●不良や品質低下の原因探索・対策 ●そのためのサークル活動
PM PPM	PM：案件の進捗を管理し，進捗しない場合の課題を特定し，その課題を解決する。PPM：複数のプロジェクト間での最適な資源配分を判定して資源投入する。	●案件進捗 ●プロジェクトポートフォリオ価値最大化	●PJコスト↓ ●PJポートフォリオ価値↑	●PJ期間	●最大価値のPJへの資源傾斜配分
Rev M	設備能力を前提とし，需要予測，販売時間等を考慮することにより価格を変更して収入を最大化する。	●収入最大化	●売上↑	●設備稼働率↑	●需要予測 ●予約率，予約時期によるプライシング

[図表２-５]　デジタル化による各種マネジメント高度化

	デジタル化によるマネジメント高度化の典型例
SCM	● AI を使った需要予測とその生産計画への反映 ● 自社の上流・下流との製品需要，生産計画の共有，VMI ● 他社との生産設備の能力共有
CRM	● デジタルマーケティング，顧客からの紹介のマネジメント（顧客の友達リストなどの利用） ● デジタルによる顧客育成，顧客属性を反映したコミュニケーション ● O2O，OMO，顧客属性を見極めたターゲットされたクーポニング
EAM	● 過去の部品交換実績・故障実績・運転実績からの部品寿命の予測 ● 外れ値監視による故障予兆検知とその保全計画への反映 ● カメラやドローン，ロボットを使った保守点検，保全作業自動化
PLM	● 製品からの使用情報，製品状態情報のフィードバックと弱点の設計反映（顧客 EAM プロセスからの情報フィードバック）
TQM	● 生産工程の運転記録と製品性能・品質・収率を AI 等で分析し製品品質や歩留まりへ反映 ● 運転ログ解析，運転日報テキスト解析などによる運転状態把握と，品質向上への反映
PM PPM	● ワイヤレス技術や GPS を使った外注先資源の同時把握 ● 複数プロジェクトの同時共有・資源投入先の瞬時判断，実行
Rev M	● 外部情報と AI を使った需要予測とプライシングへの反映 ● アイドルキャパシティの自動オークション

　その多くはプロジェクト・マネジメントでしょう。このマネジメントの中の Do として建機の自動制御が行われ，また稼働環境に応じて制御ロジックも入れ替える APM が行われると考えればよいと思います。

　マネジメントを行うためには，多くの情報を統合的に管理して，それに基づき意思決定を行い，実行するための継続的な基盤が必要になります。顧客がマネジメントを行うためのプラットフォームについては，次章第３章で詳しく見ていきます。

デジタルによる顧客との関係構築と
Usage Management Platform
(UMPF)

１．デジタル・マーケティング

　デジタル化により顧客との関係がどのように変化するかを論じるとき，マーケティングのデジタル化は間違いなく避けて通れないものです。比較的伝統的なメールマーケティングやウェブマーケティングはもちろん，SNS マーケティング，SEO や検索広告などのサーチ・エンジン・マーケティング，リターゲティング広告など様々な手法が開発され，それらの間で顧客行動を統一的に蓄積するマーケティング・プラットフォームや，顧客の興味を高めていく顧客ナーチャリング，これらを自動的に行うマーケティング・オートメーション，顧客サイドから動線を眺めるカスタマー・ジャーニーの考え方まで，様々な技術や手法が開発され，進化してきています。

　セールスの世界では，マーケティングからインサイド・セールスにつなぎ，可能性ある販売機会をフィールド・セールスにつないでクロージングし，カスタマー・サクセスを図る継続的な関係の管理に結び付けていく営業プロセス分業モデルが，これらの機能間を情報技術で接続することにより共調的で科学的な営業を行うことを可能にしています。

　従来，これらの手法と対立する手法としてテレビ CM などのマス広告がありました。しかし，遂にこのマス的訴求についても地デジという単純なデジタイゼーションの時代は終了しつつあり，ネットに本格的に移行しています。海外，特に中国や東南アジアでは，マス訴求，プル型訴求はテレビ CM からKOL（Key Opinion Leader）によるブログや YouTube，優酷を使ったインフルエンサーマーケティングに本格的に移行しています。市民がテレビそのものを信頼しない傾向が強い中国では，特にその傾向が強いと言えるでしょう。

　SNS や YouTube を使えば，視聴者の広告主サイトへの誘導も簡単です。最近，日本でも芸能人の YouTube 露出が増えているのは，彼らや彼らの所属事務所が将来を見据えてテレビから直接配信媒体への移行を試行しているからだと考えられます。今後は，タレント事務所も YouTube における MCN（Multi Channel Network）のように，ネット代理店モデルへ移行していくものと思われます。

　しかし，本書では，デジタル・マーケティングには深く立ち入りません。デジタル・マーケティングについては，筆者以上に詳しい専門家が多数存在し，専門書も多く出版されていますので，本書では，デジタル・マーケティングが，企業の外側に顧客流入のプロセスをデジタル技術によって構築していること，それを今後は全ての企業が必ず検討しなければならないことを指摘して，詳しい解説はデジタル・マーケティングの書籍に譲りたいと思います。本書で詳しく述べたいのは，戦略論に関することであり，それは顧客接点に関する産業構造の変化であり，顧客の製品・サービスの使用と管理のためのプラットフォームの出現です。

2．UMPF の出現と顧客との継続的関係構築

UMPF とは何か？

　デジタル化された世界では，産業バリューチェーンの顧客接点部分に，製品やサービスの使用をマネージするためのプラットフォームが出現し，顧客に，製品・サービス使用について従来とは異なった次元の利便性，目的適合性を提供するようになります。これをプラットフォーム側から見ると，製品・サービスの売買で終わらない継続的な関係を顧客と作り上げることとなるのです。このプラットフォームのことを本書では，**UMPF**（Usage Management Platform）と呼んでいます。これは，筆者の造語です。顧客の製品・サービスの使用や管理にかかわるプラットフォームという意味ですが，いささか冗長なので，これに代わる良い名前がありましたらご提案いただきたいと思います。本書では以下 UMPF と呼称していきます。

　UMPF は，契約管理，ポートフォリオ管理，意思決定支援，シェアリングなどを提供するとともに，電子的な接続や制御が可能な製品については，その製品を通じた情報収集，情報共有，自動運転，協調制御，制御ソフトウエアアッ

プデートなどを行うものです。

　UMPF が産業バリューチェーン内に新たに出現することにより，従来のチャネルにとって代わり，あるいは従来のチャネルが顧客から切り離され，UMPF が顧客や顧客による製品・サービスの使用に関する情報を蓄積するようになります。その結果として，従来のメーカーやサービス提供者およびそのチャネルは顧客へのオーナーシップを失ってしまい，全ての情報が UMPF に集中するようになるため，UMPF は産業の司令塔として産業バリューチェーンに君臨するようになります（**図表3−1**）。多くの産業におけるデジタル・ディスラプションの正体は，UMPF の出現なのです。

　例えば，Uber や Lyft，Grab というような配車プラットフォームはタクシー業界の UMPF と言えますが，タクシーユーザーと従来のタクシー事業者の間に出現してタクシー事業者から顧客を奪うとともに，個々のユーザーがどこに住んでいるのか，特定の時間に顧客はどこにいるのか，何時にどこで乗車する顧客が多いのかなどの顧客情報，個々のタクシードライバーの経路選択の癖，ブレーキングの粗さなどの運転者情報，更には車輌の稼働パターンや稼働率などの情報も握ってしまいます。その結果として，顧客もタクシー会社も配車プラットフォームに依存せざるを得なくなり，タクシー会社は顧客との直接的な関係を失うだけでなく，集客とともに，顧客情報や自社の車両の稼働の情報までをも UMPF に頼るようになってしまいます。

[図表3−1]　産業バリューチェーンへのプラットフォーム運営機能の出現と産業支配

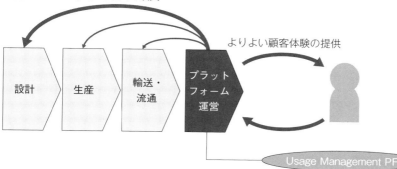

顧客情報・使用情報のフィードバックによる
製品・サービス，プロセスの改良

よりよい顧客体験の提供

設計　生産　輸送・流通　プラットフォーム運営

Usage Management PF

継続的な顧客データ・使用データの PF による収集

UMPFは，セールス・プロセスとの関係では，クロージング後に顧客との継続的な関係を図るステージであるカスタマー・サクセスに関するものだと捉えていいでしょう。また，UMPFは，顧客に対して利便性を向上し，提供価値の変化をもたらします。これは，UMPFが製品・サービスそのものの提供から，それを使った高次の目的の達成，そのための顧客のマネジメント支援の提供へと提供価値の変更をもたらすからです。その結果として，従来の製品やサービスの下側にプラットフォーム層という新たなレイヤー（第8章で解説）が追加されると考えることができます。

全ての製品・サービスのユーティリティ化

UMPF出現の前提として，全てのモノがユーティリティ化していくという現象が存在します。ユーティリティ化とは，モノを所有したりモノ自体を借りたりするのではなく，必要な時に必要なだけその効用を買うようになるということです。ユーティリティの代表は電力でしょう。電気が発見されて間もない時代は，電気を使うためには発電機を購入する必要がありました。しかし，エジソンが電力をユーティリティ化した後は，電力はネットワークから供給を受けるのが当然となり，発電機を買う人は特殊な用途を除けば存在しなくなりました。

今後デジタルによる使用と需要のマッチング精度が向上するにつれて，様々なものがユーティリティ化します。オフィスは，所有したり賃貸したりするのが普通でしたが，今後はWeWorkが提供しているオフィスのように，オンディマンドで使用するのが当たり前になるでしょう。会議室も，今後は各企業が個別に保有するものではなく，TKPのような企業からオンディマンドで借りるようになります。XROSS HOUSEという企業は，同社が所有するアパート間でのオンディマンドでの住み替えを提供していますが，このように今後は住空間もユーティリティ化されていくものと思います。Timesなどによるカーシェアリング，Docomoのシェア自転車など，ユーティリティ化は枚挙にいとまがありません。

UMPFは，一方でこのようなユーティリティ化を支えるものですが，ユーティリティ化だけを行うものではなく，そのユーザーである顧客へユーティリティ化されたモノやサービスの管理（マネジメント）をも提供するものです。例えば，タクシーはもともとユーティリティなのですが，今後，顧客は配車プ

ラットフォームという UMPF を通じてタクシーを使うようになります。同様に電力もユーティリティですが，今後はエネルギーマネジメントのためのプラットフォームが出現し，顧客はそれを通じて電力の契約管理，電力使用量の可視化，需要管理などを行うようになると予想します。

UMPF の２つのレイヤー

ところで，この UMPF の機能を理解する上で，UMPF には，2 つのレイヤーが存在すると考えるとわかりやすいでしょう。

1 つ目のレイヤーは，契約の管理やシェアリング，意思決定支援，ポートフォリオ管理などを行う情報系レイヤーです。**情報系レイヤー**は，全ての製品やサービスについて存在可能と考えてよいでしょう。

2 つ目のレイヤーは，製品やサービス提供エンジンと電子的に接続して，製品からの情報収集や自動運転，協調制御，APM などを行う**制御系レイヤー**です。制御系レイヤーは，モノやサービスエンジンと直接接続し，それらを直接制御し，モノやサービスからの情報を他のモノやサービスと共用したり，情報を長期にわたり蓄積したり，あるいは全体として情報を分析して判断したり，判断を直接モノやサービスの制御につなげたりします（図表 3-2，3-3）。

[図表 3-2] 情報系プラットフォームと制御系プラットフォーム

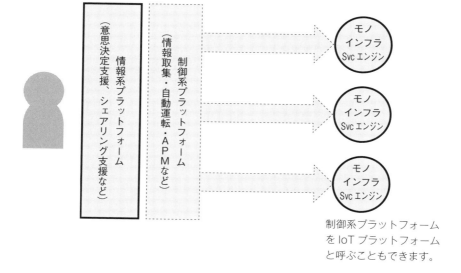

制御系プラットフォームを IoT プラットフォームと呼ぶこともできます。

[図表3-3]　制御系 UMPF の機能

	制御系 UMPF の主な機能
認知	● 他の製品が獲得したデータの共有 ● 上流側で獲得したデータ，加工データの下流側への提供 ● 外部センシングデータ，外部蓄積データの提供 ● 画像や音声など高度な計算が必要なデータの解析
データ蓄積	● 使用環境，使用状況の蓄積
分析・判断	● 複数の製品からのデータのクロス分析 ● 経験値のモデル化，共有，ベストプラクティスの発見 ● シミュレーションの実行 ● 分析ツール，AI などでの判断支援 ● 高次のマネジメントからの要求実現，整合性確保 ● 設備診断
操作	● 自動コンフィギュレーション ● 自動操縦 ● 異常時の計画停止，運転抑制 ● 外部機器操作への結び付け ● 最新，最適な制御ソフトウエアへの自動更新

　制御系プラットフォームの典型は，ロッキードマーチンのイージスシステムで，艦載レーダーや航空機のレーダーからの情報を統合して戦場全体の現状を把握し，敵を打ち落とすプライオリティを判断して攻撃を各火器に割り当て，火器を直接制御して攻撃を実行していきます。

　これらのレイヤーが存在する例として，自動車産業では，シェアリングやレンタル，フリート管理などを行う情報系レイヤーと，自動操縦や OTA（ソフトウエアアップデート，Over the Air）などを行う制御系レイヤーの2つが存在します。

　一方，例えば農薬産業など，製品が電子化できない世界では，情報系レイヤーにおいて天候などを加味したダイナミックな散布時期管理や，それを前提としたデリバリー管理などを行うことがあっても，農薬という製品そのものと電子的に接続できるわけではないので制御系レイヤーは考えにくいと言えます。しかしこのような製品でも，農機やドローンのような農薬散布装置への制御が提供され，害虫や疫病が発生した箇所をカメラで探知して農薬を局所的に散布するいわゆる精密農業を行うようなプラットフォームとして制御系レイヤーが

出現することも考えられます。

　情報系レイヤーは技術的に汎用的で容易であり，製品やサービスエンジンと接続する必要がないため参入のハードルが低く，比較的容易に構築できるため，制御系レイヤーよりも先に発達してきており，しかも業界外のサードパーティによる参入が多いと言えます。配車プラットフォームの Uber や Lyft は，いずれも業界外からの参入組です。

　しかし，より高次のマネジメントのためには自動運転や協調制御などを行う制御系レイヤーが不可欠で，今後この制御系レイヤーの開発が進むものと考えられます。制御系レイヤーは，製品やサービスエンジンとの接続手順の統一が必要で，IoT や 5G，レーダーなどの新センサー類，衛星などによる精密測位などの新しい技術を必要として技術的難易度が高いことなどから，関係する製品のメーカーが有利に開発を進められる可能性が高いと言えます。その意味で，他の先進国と比較してモノを生産していることが多い日本の大企業には有利であると言えるでしょう。

　ただ，競争はそれほど甘くはなく，Uber や Lyft などの情報系レイヤー組も自動運転技術の開発を進めていることは周知のとおりですし，どのロボットメーカーのアームにも接続できるロボットコントローラーを開発する MUJIN のように制御の個社レベルでの違いを吸収するような制御ソフトウエア事業者が新たなレイヤーとして出現してしまう可能性があり，自社の製品へのアクセスは自社の特権事項と考えるべきではないことも指摘しておきます。

UMPF のオーケストレーション機能

　UMPF が顧客にとって価値が高いのは，UMPF が従来の製品やサービスそのものの管理を行うだけではなく，他の製品やサービスとの組み合わせを提供し，その結果として顧客の高次元のニーズや目的に奉仕するようになるからです。

　マーケティングにおける顧客ニーズの説明でよく言われることとして「顧客はドリルを買いたいのではなく，穴をあけたいのだ」というものがあります。穴をあけたいことをニーズと捉えれば，穴あけを受託するなどドリル販売とは違った方法を提案できるのです。しかし，実は，穴を掘りたくてパワーショベルを買う人はいないでしょう。顧客には，穴掘りというような直接的・機能的なニーズではなく，「道路建設」というようなもっと高次元のニーズが存在しているはずなのです。コマツのプラットフォームである LANDLOG は，顧客

[図表3-4] UMPFのオーケストレーション機能

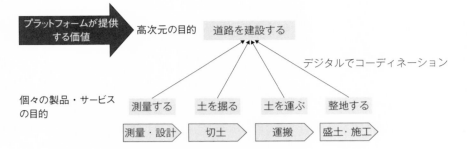

にコンストラクション・マネジメントを提供し，この高次元なニーズをサポートします。

　このように，UMPFには，顧客のために複数の異なったモノやサービスをデジタル技術で統合的に管理するという機能があります。筆者はこれを**UMPFのオーケストレーション機能**と呼んでいます（図表3-4）。

　UMPFは，様々な製品やサービスを統合，制御して，「工場を運営して製品を生産する」「様々な交通機関を結んで人をA地点からB地点に移動させる」というような高次元の目的を達成します。オーケストレーションを行うためには，異種類の製品やサービスからの情報を同時に把握して整理し，適格に判断し，共調して制御することが必要です。これらのためにデジタル技術が使われるのです。

　従来，このオーケストレーション機能は人間が担ってきました。それをデジタルで置き換えて，顧客が気軽に使える形にして提供し，クラウド上に多くの顧客の経験を集積し，製品のバリューチェーン上流側にも情報提供を行っていくのです。

UMPFの例

　いくつかのUMPFの例を見てみましょう。

　まずは情報系のUMPFの例としては，資産管理・家計管理のプラットフォームであるマネーフォワードMEを挙げることができます。マネーフォワードMEは，従来の銀行や決済機関と顧客との間に存在し，ユーザーに入出金のマネジメントを提供します。複数の金融機関をまとめて管理するというオーケストレーション機能も発揮します。

　今のところは，入出金の可視化が中心で振込等のコントロール機能は限定的ですが，今後はこのような機能も追加され，更には顧客の金融商品の購入やポートフォリオ管理にも関与して，その領域を顧客の資産管理全体に広げていくものと考えられます。金融業界では，このような UMPF のことを PFM（Personal Financial Management）と呼んでいます（第9章参照）（**図表3-5**）。

　次の例は，既に例示したタクシーサービスの Uber/Grab/Japan Taxi などであり，これらは既に存在したタクシーサービスを使いやすくするための UMPF だと考えればよいでしょう。乗車地点と降車地点を入力すると料金が計算され，画面のボタンを押して配車をリクエストすると近隣の車両がリクエストを受諾して迎車し，目的地まで搬送し，料金はカードチャージされます。自動車関連では，カーシェアリングの ShareNow（旧 Car2go）も UMPF だと言えます。ShareNow は，ダイムラーが運営する路上乗り捨て型カーシェアリングのプラットフォームであり，ユーザーは，スマートフォンの地図から近くに駐車していて空いている車を探して予約し，車まで移動してスマートフォンで開錠し，使用し，乗り捨てます。ShareNow は，今までの産業バリューチェーンを牛耳っていた自動車メーカーによって運営されているという点がマネーフォワード ME や Uber と異なる点です。

[図表3-5]　UMPF の例

資産管理・家計管理の PF：マネーフォワード　　　フォワーディングの PF：flexport

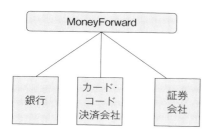

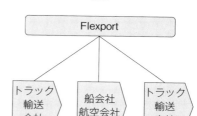

今のところアグリゲーションによる可視化中心で，コントロール機能は限定的。ただ，将来はコントロール機能追加に進む可能性あると考える。

もともとあった輸送アレンジメント（フォワーダー）をデジタル化したもので，荷主にワンストップの貨物輸送のインタフェースと追跡を提供する。

更に，制御系の UMPF の代表例は，コマツの LANDLOG でしょう。LANDLOG はコマツの建機の制御システムへのインタフェースを持ち，顧客に建設管理を提供するプラットフォームです。コマツ以外の機器，例えばダンプなども LANDLOG へ接続して配車コントロールを受けることにより，顧客は工期の短縮，省人化などを達成することができます。

ファナックの FIELD-System は，工場管理のための UMPF ということができます。FIELD-System は，ファナックや提携先の製品の制御装置にインタフェースしており，故障予兆など制御系のアプリケーションと連動します。

トヨタの UMPF は，トヨタスマートセンターと呼ばれる車両と接続された制御系プラットフォームと，情報系ミドルウエアであり顧客に対する制御系への API（Application Interface）とも呼ぶべきモビリティサービスプラットフォーム（MSPF）から構成されており，カーシェアリングなどの情報系のアプリケーションは提携先に任せてトヨタ自身では行いません。これは，例えば，ShareNow のようにカーシェアリングに自動車メーカー自身が進出してしまうと，車両販売において顧客である Times や Careco などと競合してしまい得策ではないと考えるからだと思います。

Intermediary 産業のデジタル・プラットフォーム化

卸や小売，旅行手配，貨物輸送手配，送金，為替など仲介業として存在している産業は，それが現在は人によるアナログな業務であったとしても，その性質は元来プラットフォームであり，自身がデジタル化して進化しないと，代替的なデジタル・プラットフォームが出現して，これに敗北してしまうと考えるべきです。

例えば，貨物輸送において，1次的な運送事業者であるトラック業者や海運業者，貨物航空事業者などを使い，End to end で貨物輸送をアレンジする事業者をフォワーダーと言いますが，フォワーダーは，それ自体が UMPF のようなものであり，従来これを行う日本通運などの企業が存在しています。

フォワーダー業務に関しては，その全てをデジタル化して運送のアレンジメントを顧客に提供する Flexport というデジタル・プラットフォーマーが出現しています。旅行手配においても，Trip.com のような鉄道もバスも飛行機もホテルもカバーしてオーケストレーションを提供するデジタル・プラットフォームが出現し，これが UMPF として機能してしまい，旅行代理店はこれ

にとって代わられています。今後は旅行業界のドル箱であり，デジタル化の苦手な学校教諭との固定的な人間関係を利用して受注し，厚い粗利を享受する修学旅行ですら，先生方がデジタル・ネイティブ世代に交代し，OTA（Online Travel Agent）に慣れ親しんだ父兄からの価格透明性への要求が強まるにつれ，デジタル・プラットフォームが進出してくるのは間違いないでしょう。

3．デバイス近接性による競争優位

　本章の最後に，UMPF を離れて，顧客関係に及ぼすデバイスの影響について簡単に考察したいと思います。

　E コマースなどの B2C のビジネスにおいては，その使用するデバイスを PC からスマートフォンへ，しかもブラウザからアプリへと変更してきました。スマートフォンのアプリは，多大な顧客情報をプラットフォーマーにもたらす可能性を持っています。

　それは第 1 に，スマートフォンは必ず個人が使用するデバイスであり，顧客に最も近い位置を常時占めるからです。顧客はスマートフォンを常に持ち歩くため，常時オンライン上に存在する状態になります。

　第 2 に，センター側から顧客のアテンションを強制的に得る，つまり，顧客にプッシュすることが可能になるからです。

　第 3 に，GPS にバックグラウンドでインタフェースできるためです。顧客が常にスマホを携帯することと併せて，顧客がどこに行き，どの会社や店を訪れ，何に乗って移動するのか，更には誰と会っているのか，などの情報を得ることが可能となり，顧客データを詳細に取得することができるからです。もちろん顧客の承諾が必要ではありますが，情報取得の許諾はサービス提供全体の約款に含まれているため，顧客がこれを拒絶する可能性は低いと言えます。ヤフーは，2020年 1 月まで混雑レーダーというサービスを行っていましたが，これはまさにヤフーがバックグラウンドでユーザーの位置を常時把握していることの証左です。Google が常にアンドロイドユーザーの位置を把握していることは，Google Map の「タイムライン」などで表示されることからも知ることができるでしょう。

　第 4 に，これも顧客の許可が前提ですが，顧客の電話帖や SNS の友達リストなどへアクセスできる結果として，顧客の人的なつながりを把握することが

できるからです。顧客の人的関係を把握できれば，顧客のプロファイル把握の正確さが一気に高まりますし，顧客の人的関係を通じたマーケティングを進めやすくなります。

最後に，スマートフォンが各種センサーを搭載しており，それらにもアクセスすることができるからです。例えば，中国発の配車アプリである滴滴は，ドライバー側のスマートフォンを通じてブレーキング時の加速度情報を収集し，ドライバーの運転の粗さを計測しています。

更に進んで，スマートフォンのような汎用機器ではなく，特定の目的で特定の事業者にのみ接続する専用デバイスを顧客の個人的な空間に打ち込むことで，顧客を囲い込んでしまう試みが行われています。アマゾンダッシュボタン（Alexa登場により終了）や，エビアン社の冷蔵庫に磁石で接着できる雫型発注ボタンのように，顧客の一番近いところで，スマートフォンやPCの画面へのアクセスを省略しての発注を可能にします。

更に，AlexaやGoogle Homeなども，最も顧客に近い位置で顧客の声に聴き耳を立てることが可能です。犬型ロボットのように，家の中を歩きまわり顧客を追跡できると更に情報取得の範囲が広がるとも考えられます。スマートウォッチは単なる表示装置ではなく顧客の生体情報まで取得できる道具ですし，Kindleのようなブラウザは，顧客のネットアクセスを監視したり制限できたりします。これらのデバイスのユーザーは同じ機能のデバイスを2つ持つことはなく，更に洗濯機横や冷蔵庫の扉などの発注に最適な空間を独占することが可能になります。

デバイスによる顧客の先占は，個人にのみ起こることではなく，B2Bのビジネスでも起こり，むしろB2Bや制御におけるほうが顧客とのつながりを固定化できると言えます。例えば，工場機器にSeimens WindShere Nanoとか，Omron Sysmacというような接続専用機器を装着すると，その後は容易にはそれらを使ったサービスから離脱できなくなるという効果が期待できます。

IoTにおいては，特にこのようなデバイスで結び付いてしまうことによる顧客囲い込み，スイッチングコストの上昇が大きな意味を持つと思いますが，その一方で，それを突き崩す標準化の動きも活発になるものと予想します。そのため，メーカーは，製品に自社と製品や顧客を接続する仕掛けを販売の時点において装着しておくことが望ましいと言えます。

第 4 章

バリューチェーン高度化

1．バリューチェーン高度化の考え方

　デジタル化は，製品・サービスを変革し，顧客との関係を変革するだけなく，自社のバリューチェーンをも高度化します。デジタルによるバリューチェーンの高度化は，一見地味なデジタル化ではありますが，徹底的なコストダウンを超えて，製品更新の高速化，新製品を生み出す能力の大幅な向上などにより競争優位を生み出します。

　バリューチェーンの高度化は，その発想法としては比較的単純です。基本的に，①オペレーション作業や判断の自動化，と②従来にないデータの活用やバリューチェーン機能間のデータ連携，を考えることによりデジタル化の機会を洗い出せます。これらが，意思決定精度の向上，業務品質や処理速度の向上，業務コストの削減，設備稼働率の向上，保険料の削減などをもたらし，ひいては売上向上，コストダウン，投下資本量の削減をもたらします。

　自社内と産業全体のバリューチェーン機能間では，従来データ連携があまりなされていないため，その間に落ちている連携機会の多くは未開拓です。読者におかれては，まずは業務自動化できること（作業だけではなく，判断も含めて）や複数のバリューチェーン機能間でのデータ交換による機能向上の可能性を洗い出してみることで，DX の機会を網羅的に洗い出すことが有効だと考えます（**図表 4 - 1**）。

　バリューチェーンの高度化で気をつけるべきこととして，活用するデータは，現在情報システムに記録されているデータのみならず，新たにカメラ，マイク，センサーなどを設置して得られるデータも含まれますし，気象データなどの外部データも同時に活用することも考えるべきです。また当然ながら，自社のバ

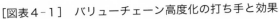

[図表4-1]　バリューチェーン高度化の打ち手と効果

リューチェーンだけではなく，顧客や製品も含めた産業バリューチェーン全体における自動化機会，データ活用機会を探るべきです。

　以下，バリューチェーン機能を強化する典型的な考え方や実例を見ていきます。

2．顧客接点の統合的運用 ──ネットとリアルを結ぶ

　リアルチャネルとは別にネットチャネルを構築することには，多くの企業が努力してきました。特に小売業においては，店舗を運営する事業者も EC に進出してネットで並行的に販売することを行ってきました。ユニクロがユニクロオンラインストアを開設したり，ヨドバシカメラがヨドバシ.com を開始したりするのがその例です。

　リアルチャネルとネットチャネルを別々に運営するだけではなく，ネットからリアルの店舗に誘導したり，リアルのプロモーションをネットでの販売につなげる，いわゆる O2O（Online to Offline/Offline to Online）が注目され，マーケティング手法として確立した分野ともなっています。

　最近は，更に一歩進んでリアルチャネルとネットチャネルのデータを完全に融合し，統一的なプロモーションを行うとともに，同じ顧客が利用するネットとリアル店舗の両方のデータを統合的に管理することが行われており，OMO（Online Merged with Offline）と呼ばれています。

　当たり前のことですが，多くの人がリアル店舗を利用する一方でEC も利用しており，どちらかをやめてしまう意思はないと考えられます。したがって，どちらかに意図的に誘導するのではなく，利便性に応じてオンラインとオフラインを併用するニーズに応えながら，データはしっかりと統一的に蓄積して，生活者の消費行動全体を把握しようというわけです。

　アマゾンは，AmazonGo というリアル店舗を米国の主要都市で運営しています。AmazonGo では，顧客はアマゾン・アカウントのバーコードを使って入店します。チェックアウトが自動化されているので，顧客は商品を棚からピックアップし，店から出た時点でネットと同じアマゾンのアカウントに購入履歴が蓄積され，登録しているカードで決済されます。これによって，購買履歴はネットとリアルで統合的に蓄積され，両者を通じて顧客への推奨などに利用されます。

　アリババが運営する盒馬鮮生（フーマー・フレッシュ）という生鮮食料店は，ネットからの注文を店舗在庫からピッキングして5分以内に出荷し，顧客の家庭に持ち届けます。そのピッキングの様子は店舗の顧客に対して可視化されており，それを見た顧客は次回からはネットで注文するようになります。盒馬鮮生と似ているのがウォルマートであり，ネットで注文した商品がまとめられた袋を店舗のロッカーで受け取ったり，店舗の従業員が顧客の自宅に届けたりしています。これらは，AmazonGo とは違う意味でのネットとリアルの融合ということができるでしょう。中古品販売のコメ兵がネットで商品を提示して顧客に検討を促し，顧客は来店して最終的に確認の上購入するなど，ネットとリアルの役割分担は，商品特性によって様々なものが考えられると思います。

3．バリューチェーン機能の自動化

　アマゾンは，買収した Kiva Systems の技術を使い，EC で出荷する商品の倉庫管理，ピッキングを徹底的に自動化しています。これにより生産性が大幅に向上するだけではなく，受注から出荷までの時間を短縮して競争優位を高めています。更に，段ボールのシーティングと整形をオンサイトで行い，更に自動梱包をして，包材の節減と人件費の節減も行っています。これらのいわゆるフルフィルメントの自動化は大手EC 事業者に共通した取組みであり，中国のEC 大手であるアリババも投資先である Quicktron のロボットを使って倉庫作

業を自動化していますし，京東（JD.com）も倉庫作業の独自の自動化を図っています。

　これらの動きは，本当に規模の経済が効くバリューチェーン機能は，サーバーによるサイトオペレーションではなく，フルフィルメント，その中でも倉庫オペレーションだということを大手ECほど身に染みて理解しているからなのではないかと考えます。

4．製品フィードバックのバリューチェーン機能への反映 ──製品と自社バリューチェーンを結ぶ

　既に第1章や第2章でも言及したとおり，顧客のもとに渡った製品そのものやUMPFから，製品機器の状態や稼働状況などについてのデータがもたらされるため，これをバリューチェーン高度化に活用できます。

　例えば，GEの航空機エンジン事業では，稼働中のエンジンからそのエンジンの状態や稼働状況などについての情報がもたらされます。それにより，GEは実際に稼働中のエンジンがどのように使用されているかを知ることができるだけではなく，壊れる際に何が起こるのかや，壊れやすい箇所を特定でき，それをエンジンの設計に反映できるとともに，保守が必要なエンジンを特定して顧客と自社の保守サービススタッフに通知したり，保守で必要な部品を用意したりすることができます。航空機エンジンの稼働状況から補修部品の需要量を

［図表4-2］　製品からの情報のバリューチェーン機能への活用

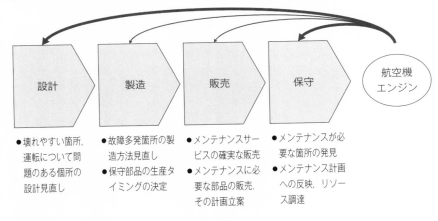

予測できれば，サプライチェーンの更に上流での保守部品の生産タイミングや，そのための部材の購入タイミングまでを予測できるようになります。航空機エンジンへの参入では最後発ともいえる GE が，世界シェアトップとなっているのは，このような情報フィードバックの活用に因るところが大きいと考えます（図表4-2）。

5．サイバー・フィジカルシステム
――仮想空間と現実空間を結ぶ

サイバー・フィジカルシステム（CPS：Cyber-Physical System）とは，サイバー空間（仮想世界）とフィジカル空間（現実世界）をシームレスに連結し，フィジカル空間で収集した情報をサイバー空間で蓄積・分析した上で，将来の最適な稼働状況や生産状況をフィジカル空間に適用して費用最小化・効用最大化に結び付けることです（図表4-3）。サイバー空間にフィジカル空間と同じ環境やモデルを作成して，分析や理解，シミュレーションに活用することをデジタル・ツイン（Digital Twin）と言っています。

例を示すと，次のようなものです。

- 製造工程を構築する上でサイバー空間で仮想的に製品を製造し，工程に問題ないことを確認してからフィジカル空間の製造工程に適用して自動生産を行い，そこでの生産データを更に工程改善に活かしていく
- フィジカル空間の道路の混雑状況を収集・蓄積し，それをもとにサイバー空間にモデルを作成して将来の各道路の交通量を予測した上で，フィジカル空間の自動車に走行経路指示を出し，更にそれがどの程度交通にインパクトを与えたのかを収集していく

［図表4-3］　サイバーフィジカルシステム

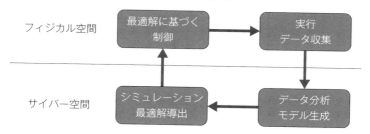

41

　京都府宇治のアルミ切削による自動車部品製造会社であるヒルトップは，独自開発システムで製品の製造をシミュレーションして最適な生産方法を決定し，制御ソフトを通じてその通り製造装置を稼働させて，24時間自動製造を行っています。安川電機やファナックのロボットシミュレーションを見ると，ほとんど実機が稼働しているのと同じレベルでサイバー空間における製造を可視化できるようになっています。サイバー・フィジカルシステムは，上述の道路混雑の解消のように，社会課題を解決するUMPFを実現する手段としても期待されます。

6．設計・生産データ統合，サプライチェーンデータ統合 ──バリューチェーン機能間を結ぶ

　最近，多くの組み立て製造業で見られる取組みとして，設計と生産機能間でデータを統合し，設計と生産の間に落ちている様々な課題解決を行うことを挙げることができ，**PLM-MES インテグレーション**（Product Lifecycle Management- Manufacturing Engineering System Integration）と呼ばれています（**図表4-4**）。

　設計と生産間でのデータ統合のメリットとして最もわかりやすいのは，製品の設計データをもとにして製品生産工程を迅速に構築できるようにすることです。設計側で製品の部品表（BOM：Bill of Materials）だけではなく，その製造プロセスに関するデータ（BOP：Bill of Processes）を持ち，設計とともに生産工程を自動構築して製造側にデータで送付し，製造側はそれを実際に試した上で，製造工程で実際に何が生じているのかを製造設備側のコンピューターから収集し，工程の変更を実施した場合にその結果情報を設計側にフィードバックしてBOPを改善していく，というループを確立するものです。製品設計の最適化のみならず，それを製作することを予め計算に入れて設計を行い，更に製造への展開を迅速に行うことで製作コストや品質，製品更新速度を向上させるのです。

　これとともに，製造工程の実行管理システムであるMESを品質管理，倉庫管理，装置保守，人員管理などと統合してく**MOM**（Manufacturing Operation Management）の試みもあり，今後は，バリューチェーンの各機能の間に落ちていた問題解決のため，システム統合の範囲が拡大されていくことは間違

［図表4-4］　PLM-MESインテグレーション

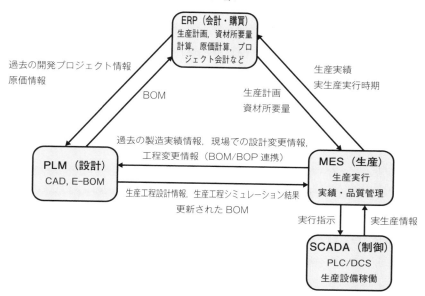

ないでしょう。様々な機能間でのデータのやり取りを行うことで，何ができるようになるのかを考えてみるとよいと思います。

7．設備保全デジタル化と EAM 接続 ——IoT・制御情報とエンタープライズシステムを結ぶ

　設備保全に関するデータの自動取得と AI などを使った保守必要箇所の特定は，多くの設備産業で試みられています。電力や鉄道，道路などの設備産業では投下資本量が莫大で，設備投資を抑えながら設備稼働率を上げることが求められますが，設備保全においては，一方で部品寿命を使い切ることによる設備投資額の抑制を図りながら，もう一方では設備の予定外停止を起こして稼働率が下がらないようにしなければなりません。

　予定外停止，つまり故障によるプラントや列車の運行停止や停電，飛行機の運航停止が起こると，顧客の満足度が大きく低下し，顧客に代替手段がある場合には事故時の売上だけではなく，将来の売上をも失いかねないと言え，計画された停止と比べて設備の再立上げに時間を要するため設備稼働率が著しく低

下します。

　石油や石油化学などの設備では，爆発などの事故が起こると，稼働停止は周りの設備や事業所全体にも波及しかねないとともに，最悪の場合人命も危険にさらし，プラントの設置自治体や地元住民との関係を悪化させてしまいます。このため，部品寿命を使い切るために気象条件や運転条件と部品の劣化との関係に関するデータを収集してモデルを確立し，部品交換を抑制することと部品の故障による設備全体の停止を抑制するという二律背反をうまくマネージする必要があります。

　多くの設備産業では，**故障予兆検知**に取り組んでいます。設備からもたらされるデータを解析し，異常値を検知して故障に結び付くものかどうかを判断し，設備の停止，運転の抑制，設備保全順位の変更などに結び付けます。故障予兆は，DCS（Distributed Control System）やPLC（Programmable Logic Controller），ロボットといった現場の制御装置から出てくるデータだけでなく，赤外線カメラ，マイクなどの画像や音声などの非定型データを解析するとともに，作業員が運転日報（Journal）に自然言語で記録した情報，更には気象情報なども入力情報として行います。

　将来的には，故障を予測するだけではなく，運行計画や保全計画へのインパクトを自動的に判断し，故障モードから最適な打ち手をAI等で導出して，自動的に運転負荷の抑制を行うとともに，運行計画や保全計画（EAM：Enterprise Asset Management）を自動的に変更するように発展していくものと考えられます。

8．最適な設計：ジェネレイティブ・デザイン ——圧倒的な計算力にものを言わせる

　製品の設計におけるコンピューターの役割は，従来CAD（Computer-aided Design）など，補助的なものにとどまっていましたが，多くの変数を持つような設計に対し，予め評価基準を定め，各変数につき乱数を投入して強大な計算力を用いて，膨大な数の仮想サンプルを生成して評価し，最適な設計に迫っていくアプローチが開発されており，**ジェネレイティブ・デザイン**（Generative Design）と呼ばれています。

　CADのソフトウエアメーカーであるオートデスクは，ジェネレイティブ・

デザインのソフトウエアを提供しており，そのウェブページにおける紹介映像では，ジェネレイティブ・デザインがどのように機能するのかをわかりやすく説明しています。例えば，いくつかの方向に対して必要な強度を持つ最軽量な内部支持構造の設計や，決められた土地への建物の最適配置などへの応用が図られています。

　ジェネレイティブ・デザインは，変数が多すぎるために人間の感やセンスに頼っていた最適解の探索を計算機で力任せに行う手法であり，設計以外にもクリエイティブな応用を考えてみるとよいと思います。

　例えば，エアラインや鉄道会社が飛行機や車両の種類と数の制約を受けながらネットワーク全体の最適な運行計画を策定したり，あるいは発着枠やラウンジ稼働率の制約を受けながら最適な乗り換えパターンを導出したり，発電事業において最適な電源ポートフォリオの組み合わせを決定したり，送電ネットワークの最適設計を行うというように，モノの設計以外にも多様な応用が可能であると考えます。

9．研究開発のデジタル化：マテリアルズ・インフォマティクス ──過去の蓄積データを活用する

　化学会社では，過去の膨大な実験結果の中の材料の組み合わせから得られる物質の物性に関するモデルを生成し，ターゲットとなる物性から逆に材料の組み合わせをデータマイニングや AI によって導き出す**マテリアルズ・インフォマティクス**（Materials Informatics）が試みられていて，旭化成，三菱ケミカル，豊田中研などが特別な組織を編成して取り組んでいます。日本の化学会社の多くは，過去に膨大な数の実験を地道に繰り返しており，その蓄積されたデータを活かせる方法だと言えます。実際に，人が感覚的に選択しない組み合わせをコンピューターが提案し，新素材の開発に結び付く例が出ているということです。

　これと類似するアプローチに，遺伝子配列からタンパク質の形状や機能を予測したり，その逆を予測したりするバイオ・インフォマティクスという分野もあり，製薬研究に用いられています（**図表4-5**）。

　このように蓄積したデータからモデルを生成して，それをもとにインプットの組み合わせを提案する方法は，化学や生命科学に用いるだけではなく，また

[図表4-5]　マテリアルズ・インフォマティクス

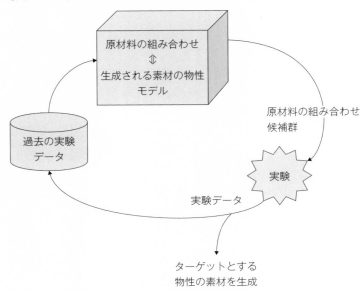

研究開発をも超えて適用可能だと考えます。

　例えば，製造段階での装置の運転条件により製品の歩留まりが変動するデー
タからモデルを生成し，最適条件で運転して収率を向上させるとか，酒の醸造
やゴム製造の共重合反応など運転条件の影響を受けやすい製品で，運転条件か
ら狙った味や物性を実現する際のアプローチとしても応用可能だと考えます。
更には，石油化学におけるクラッキングでのターゲット物質の収率最大化や，
半導体製造における運転条件と歩留まりとの関係のモデリングによる歩留まり
向上など，この考え方の応用可能性は大きいものと考えます。

10.　バリューチェーン高度化と UMPF との関係

　ここまで述べてきたような自社のためのバリューチェーン高度化をプラット
フォーム化し，それを同業あるいは近い業種の他社に提供していくことも可能
ですし，外販化することによってデータを広く他社からも収集し，それをもと
にモデルを精緻化し，更にはそれを収益化して，プラットフォームを外部に提
供していくことは常に有益であると言えます。例えば，シーメンスは，自社の

工場で設計と製造のデータ統合を行っていますが，その一方で，それをプラットフォームとして他社にも提供しています。

　この場合，他社に提供するプラットフォームは，他社から見ればそれを使ってマネジメントを行うための UMPF となります。このため，自社サイドにおけるバリューチェーン高度化と顧客サイドにおける UMPF 構築は，実際には表裏一体であり，同一の内容を有することも少なくないと言えます。

資源とそのシェアリング

1．資源シェアリング

シェアリングモデルの意味

　デジタル技術を使い，活用されていない資源をその資源の所有権を超えて使用ニーズとマッチさせ，稼働率が低かった資源の稼働を上げ，それによって生まれた経済的な利得を関係者で分配することによって，資源の所有者，その使用者，更にはその仲介者も利益を得ることができます。このように資源をその所有権を超えて多くの経済主体でシェアすることを**シェアリング・エコノミー**と呼んでいます。

　資源のシェアリングは，デジタルを使った典型的なビジネスモデルですので，様々な資源のシェアリングを考えてみるといいでしょう。総務省「ICT によるイノベーションと新たなエコノミー形成に関する調査研究」によると，近年，数多くのシェアリングサービスが急速に立ち上がっていることからも，その重要性を見てとることができます（**図表 5 - 1**）。産業や社会全体の合理化機会を見つけるために，産業バリューチェーンを描いて自動化機会，産業や社会全体での BPR 機会を見つけるとともに産業や社会全体の資源共有機会をも洗い出してみるとよいでしょう。

シェアされる資源

　シェアされる資源は，様々なものが考えられます。まずはヒトです。ヒトはユニークなスキルを持つことから，その特殊なスキルを資源としてシェアするものだと捉えることができます。この意味で，仕事（job）を提示してそれを遂行できる人を募ってマッチングする各種のクラウドソーシングもシェアリン

[図表5-1] シェアリング・サービスの増加

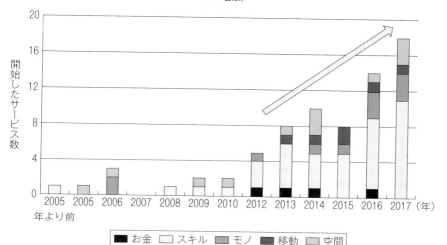

※2018年2月28日時点のシェアリングエコノミー協会のシェア会員90社について,シェアリングサービス開始時期とシェアの対象を整理。シェアの対象やサービスの開始時期が不明なサービスや,シェアリング事業者を対象にしたサービスは除いている。

出所:総務省「ICTによるイノベーションと新たなエコノミー形成に関する調査研究」(平成30年)

グモデルの一種と見ることができます。

　次にモノです。トラックや乗用車,宿泊可能な設備や駐車場,あるいは装飾品や衣服まで様々なものが考えられます。荷台などの空きスペースもモノの一部と考えられます。更にカネがあります。カネには稼働率を観念しにくいものの,余剰な資金の活用という意味でいわゆるクラウド・ファンディングも資源のシェアと考えてよいでしょう。

　最後に情報です。写真などデジタル素材のシェアリング,各種の情報のシェアリングも考えられます。データのシェアリングについては,本章の最後にもう一度触れたいと思います。

　なお,賃貸やリースも所有者と使用者が異なりますが,賃貸やリースでは一定期間独占的な使用権を獲得しますから,使用者の側にやはり資源の非稼働を生じさせてしまいます。シェアリングモデルはこのような一定期間の独占的使用権を得るのではなく,需要に応じてオンディマンドで資源をニーズとマッチングするモデルと捉えるとよいと考えます。

第5章
資源とそのシェアリング

シェアリングモデルの当事者と派生モデル

　シェアリングのビジネスモデルには，3つの異なったプレーヤーが存在します。まず，資源の所有者のように資源の独占的な使用権を持つ提供者であり，資源を他者のために提供してその対価を得ます。次に資源の使用者であり，資源を使用する代わりにその対価を支払います。最後に，資源の所有者と使用者をマッチングするプラットフォーマーであり，使用者あるいは所有者から手数料を得ます。プラットフォーマーは使用料の支払いに介在して，マージンを獲得する場合もあります（図表5-2）。

　プラットフォーマーは，資源の所有者と使用者を仲介し，所有者と使用者はプラットフォーマーから独立の経済主体であるモデル，すなわちP2P（Pier to Pier）のモデルであることが基本型ではありますが，プラットフォーマーが同時に資源の所有者であるモデルも一般にシェアリングのビジネスモデルに含めています。これは，いわばレンタルモデルであり，as a Service のモデルなわけなのですが，そのマッチングにデジタルの仕掛けを駆使していて，資源を多数の使用者でシェアすることには変わりがないからです。そのためP2Pの駐車場シェアリングのモデルであるakippaのようなモデルだけでなく，服のシェアリングとしてプラットフォーマーが服を所有している airCloset のモデルもシェアリングモデルと考えてよいでしょう。

　カーシェアリングは一般的には Careco のように自動車の所有者とプラットフォーマーが同じモデルですが，例えば，DeNA が運営する anyca のように P2P のカーシェアリングモデルも存在しています。ちなみに，Darenta のように P2P レンタルを，クラウド型のプラットフォームではなく第9章で解説するスマート・コントラクトで実現するものもあります。

[図表5-2]　シェアリングモデルの参加者

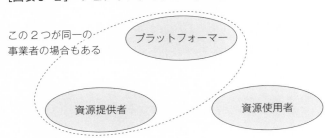

この2つが同一の
事業者の場合もある

プラットフォーマー

資源提供者

資源使用者

非稼働の資源の活用ということに着目すると，非稼働の資源をレンタルするだけではなく，使用したモノの売買を柔軟に成立させることによっても稼働の向上を達成できます。その意味で，ヤフオクやメルカリのようなオークションや中古売買仲介もシェアリングモデルに含めていることもあります。このように，シェアリングされるための法的な構成は問題ではなく，シェアリングというのは，資源稼働率を上げるために複数の主体で資源を利用することという理解をするとよいと思います。

なお，資源の使用者は，今までは個人であることが一般的でしたが，今後は企業間にもシェアリングモデルが広がっていくものと思います。例えば，トラックの空きスペースや帰り便と運送ニーズをマッチングするのがその例です。輸送用具や輸送上の空きキャパシティは容易にシェアすることができ，シェアリングモデルを簡単に成立させられますが，更に進んで製造設備については，ニーズと設備の個性が大きいためハードルは上がるものの，シェアリングの可能性はあります。

日立製作所は，4M（Man, Machine, Material, Method）を共有するクラウド・マニュファクチャリングという概念を提唱しています。生産工程には企業独自のノウハウが多く使用されていて外部に対して秘匿されていることが多いため，そのシェアリングは容易ではないと思われますが，柔軟な受委託関係を仲介するプラットフォームは可能でしょう。

当事者のメリットと UMPF

シェアリングモデルの各当事者のメリットは，経済的なメリット，すなわち所有者が使わない資源を使って収入を得られ，使用者は比較的安価にそれを使用でき，プラットフォーマーはマッチングの手数料やマージンを得られるというのが最も本質的ですが，各当事者が得られるメリットはそれだけではありません。

資源の所有者と使用者が一致している状態では，そのニーズにかかわらずいつも同じ資源を使用しなければならないわけですが，シェアリングモデルでは，使用者はそのニーズに合わせた資源を都度選択して使用できます。カーシェアリングであれば，家族での買い物，趣味のドライブ，キャンプなど場面に合わせた車種を使用すればいいのです。

資源を所有しようとすると，その出費も大きなものとなりますので，投資前

に詳細な検討が必要ですが，シェアリングによって資源を試用できれば，間違った投資をするリスクは少なくなります。所有者とプラットフォーマーが一体化しているシェアリングでは，airCloset のようにシェアした資源の購入オプションが付けられていることが多くあります（図表 5 - 3）。

　所有者と使用者が同じ主体の場合，その資源の使用に関する情報はその主体の中で閉じてしまいますが，シェアリングにおいては，プラットフォーマーは誰がどのような資源をどのように使用するのかという情報を収集することができます。この使用情報は使用者側に対しては推奨（recommendation）のための重要な情報になるとともに，シェアされる資源のメーカーに対しては資源の需要予測，製品改良のための情報になります。つまり，シェアリングのためのプラットフォームは UMPF として機能する典型的なものであり，多くの産業においてシェアリングが出現し，その情報が産業バリューチェーン全体にとって重要なものとなります。

　シェアリングは資源の需要を減少させ，販売とカニバリゼーションを起こすためにメーカーとしてはシェアリングモデルへの進出を躊躇しがちですが，だからと言ってメーカーがここに進出しないと，結局第三者がシェアリングプラットフォームを構築してしまい，顧客との間に入られて顧客や顧客に関する情報を失ってしまうことに注意してください。

　メルセデスが路上駐車型のカーシェアリングである Car2go（現 ShareNow）を開始し，運営しているのはそのためです。ただ，注意が必要なのは，レンタルの機能が既に産業バリューチェーン内に存在する場合，メーカーがシェアリ

[図表 5 - 3]　シェアリング・モデルのメリット

資源提供者	プラットフォーマー	資源ユーザー
	所有者・顧客との継続的な関係維持	買い替えやメンテナンスの手間がいらず，保管場所の心配もない
PF を通じた資源の使用に関するデータの取得	使用の分析とそれに基づくレコメンドが可能	最適マッチ機会の向上（ニーズに合わせて取り換えられる）自分の知らない資源との出会いも可能
資源稼働率向上　対価としての収入増加	資本がかからないマッチングフィーの受取	低価格での資源利用

ングを始めると既存顧客であるレンタル事業者と競合してしまうことです。コマツがシェアリングに乗り出さず，制御系の UMPF である LANDLOG に徹しているのは，そのためであると思われます。

シェアリングによる社会秩序の再形成と信頼問題

シェアリングは，所有という法的秩序を壊して，資源と使用者との間に新しい使用秩序を形成しているという側面があります。所有という秩序は，所有者に独占的な使用の権利を付与する形で社会秩序の形成に寄与してきましたが，他者と資源をシェアすることになると，その秩序を再定義しなければならなくなります。つまり，所有者と使用者の信頼秩序をどのように構築するのかという問題です。

レイチェル・ボッツマン（Rachel Botsman）は，その著書 "TRUST" において，信頼は，①小さな地域社会における「ローカルな信頼」，②様々な契約や法律に基づく「制度への信頼」，③テクノロジーを通じて人が人を信頼する「分散された信頼」という歴史的発展段階を辿ると述べています。シェアリングのビジネスモデルは，まさにこの②から③の段階への移行を意味しています。

更にボッツマンは，信頼の形成に役立つ３つの原則を述べています。アメリカ人に寿司を身近なものとさせるためにアボカドの寿司を提供したように，馴染みのないものを身近に感じさせることにより信頼を得る「カリフォルニアロールの原則」，それが自分の得になることを知らせる「メリットの原則」，独自の影響力を持つ人を味方につけて使用者に馴染みのないものを宣伝してもらう「インフルエンサーの原則」です。例えば宿泊場所のシェアリングで言えば，「ホテルだって部屋をシェアしているようなものだよ」と説得するとか，「民泊はこんなにお得だよ」と説得するとか，「あなたの好きな○○も民泊を使っているよ」というような広報を行うということです。

BlaBlaCar は，フランス人であるフレデリック・マゼラ（Frédéric Mazzella）によって創業された欧州のライドシェアのプラットフォームであり，2019年12月現在，８千万メンバー，22カ国（欧州中心ですがブラジル，メキシコ，インドなども）で四半期に２千５百万回のライドシェアを実現（ユーロスターの乗客の10倍，BA の総乗客数の２倍以上）する非常に成功したプラットフォームですが，常にこの信頼問題と取り組んできました。「知らない人の車に乗ってはいけません！」と子供の頃に躾けられた人々に，知らない人の車に

[図表 5 - 4] BlaBlaCar による DREAMS のフレームワーク

◆BlaBlaCar は，以下の条件が信頼を醸成すると主張しています。

信頼を生む要素	要素の内容
Declared	名前，写真，経歴などの属性の宣言
Rated	乗車前における他のユーザーからの評価の参照
Engaged	乗車前における支払による，財務的なコミットメント
Activity	最終アクセス日時，返答率などのアクティビティ情報の開示
Moderated	プラットフォーマーによる情報の認証
Social	既に蓄積されている SNS へのリンク・参照

どう乗りこませるかという課題に取り組んできたわけです。これは乗客を受け入れる自動車オーナー側に対しても同じであり，いかに他人に乗り込まれるのを「怖い」と思わせないかということに腐心してきました。

その結果，BlaBlaCar は，DREAMS というフレームワークを提唱しています。ユーザー同士の信頼を確立するためには，Declared（名前，写真，経歴などの属性の宣言），Rated（乗車前における他のユーザーからの評価の参照），Engaged（乗車前における支払による財務的なコミットメント），Activity（最終アクセス日時，返答率などのアクティビティ情報の開示），Moderated（プラットフォーマーによる情報の認証），Social（既に蓄積されている SNS へのリンク・参照）を提供すればよい，ということです。Social が入っているのが面白いところで，同乗する人の Facebook や Instagram を閲覧できるようになっており，人柄がそれらに反映されることで，その閲覧により信頼を生むと同社は考えているのです（図表 5 - 4）。

同社のニューヨーク大学との共同研究によると，他者を信頼するかを問う質問で 5 つのスケール中 4 か 5 を付けた人の割合が，家族で94%，友人で92%であったところ，BlaBlaCar ユーザーでは88%であり，同僚（58%）やご近所の人（42%）よりも高い値を示しています。また他の種類のシェアリングビジネスを経験している人達は，ライドシェアを受け入れやすいという結果も出ており，ボッツマンの主張を裏付けています。

2. 人的資源管理のデジタルによる変貌

　ヒトは企業にとって重要な資源であるとともに，絶対にコモディティ化せず，多様性を持ち続ける資源でもあります。モノの所有と同様に，ヒトの雇用は，企業との独占的な関係をつくり出し，雇用を前提として労働法規や労働関係の諸規制も整備されてきました。しかし，この雇用関係もデジタル化により大きな変化がもたらされると考えます。

HR Tech の進展

　企業にとっての人的資源管理がデジタル化によりどう変化するのかについては，HR Tech と呼ばれる分野が出現しています。既存の人事関連業務プロセスのデジタル化である SmartHR のようなツールのみならず，例えば採用については，求人情報を自動収集する Indeed や候補者評価を AI で客観的に分析する HireView などが登場している他，モチベーションなどの組織の状態をアンケートで定期的に把握する Wevox が登場しています。

　日立製作所は，社員の活動を胸章やスマートフォンアプリなどから把握し，AI で分析することにより，組織の幸福度を計測して，これを向上させるアクションを抽出しています。

　また，働き方のデジタル化では，Zoom などのミーティングツール，どこでもオフィス環境を実現するクラウド群などをコロナ禍の中で体験された方も多いと思います。

デジタルによる企業と人との関係の根本的変容

　しかし，現在の HR Tech の多くは，人や組織をマネージする PDCA の精緻化や業務プロセスのデジタル化であり，企業と人との関係自体を根本的に変化させるに至っていない，まだ浅いデジタル化であると考えます。

　ここからは筆者個人の意見ですが，他の資源においてシェアリング・エコノミーが進行しているのと同様に，今後はフリーランスとしての働き方が当たり前になり，フルタイムの雇用形態での社員が減り，フリーランサーが必要に応じて企業と契約関係に入るという形に変化していくものと思います。現在でも，クラウドソーシングが活用されており，派遣企業も一般的な労働力だけではな

くプロフェッショナル派遣にも参入していますが，今後更にこの流れは加速されていきます。

　そのように考える理由は，定常業務のかなりの部分が，今後ロボットなどの機器で置き換えられてしまい，そうすると人は更にクリエイティブな仕事，高度にプロフェッショナルな仕事，あるいは定常的ではない業務を行うようになり，そうであるならば企業と固定的な関係を結ばず，社会全体で柔軟にタレントや労働力の調整を行うようにすることが合理的だからです。

　そのような社会を実現するためには，社会全体で人的資源管理を行う仕組みが必要であり，個人の能力や信頼度について，本人にも開示する透明性のある社会全体で共有できるツールが必要ですし，ワークロードやシフト管理についても，働く人個人も含めた社会全体で共有できるようにする必要があります。また，プロジェクト・マネジメントなどでのタスク共有ツールも，今後デファクト・スタンダードが登場してくるものと考えられます。

　更に，ある目的のために柔軟に組成され，目的が達成されると利益を参加者や関係者で共有した上で解散する自動管理の組織形態が登場してくるものと思います。第10章で紹介するスマート・コントラクトを使った Colony という仕組みはこの1つの例です。使う技術がクラウドなのかブロックチェーンやスマート・コントラクトなのかは別にして，今まで会社法や労働法規，個人情報保護法など個人保護の観点から強い規制を課している法規が，今後ソフトウエアであるプログラムに置き換えられてしまうことになると思われ，法律との折り合いをどうつけていくかが大きな問題になるものと予想します。

　終身雇用を前提として，会社と社員の固定的な関係を良しとしてきた日本社会にとって，法律のみならず，人の意識や労働慣行まで含めて変化させていくべき問題であり，更にはそういう社会に移行したときに，どのような形でセイフティー・ネットを提供していくか，また，そこへどのように課税していくかなども含めて，今後考えていかなければならない問題であると考えます。

3．資源としてのデータ

　本章の最後に，デジタル・ビジネスにとって重要であり，特殊な資源であるデータについて考察することにします。そしてデータのシェアリングについても考察したいと思います。

データ偏在による競争優位

データは資源ではあるものの，シェアリング・エコノミーで対象としてきた各種の資源とは非常に異なる性質を持っています。まず，データは，コピーすることにほとんど費用がかからず，したがって，稼働率が問題となることもないので，他の資源と同じようなシェアリング・エコノミーの議論は成り立ちません。

一方，データは，デジタル・ビジネスにおける競争優位の源泉と言うことができます。プラットフォームの持つ機能や処理は究極的には模倣が可能ですが，データの有無は競合間に克服しがたい非対称性を作り出します。顧客の属性や嗜好に関するデータや，顧客の製品・サービスや他の顧客との関係性に関するデータなどはデジタル・マーケティングに不可欠ですし，顧客の使用や嗜好に関するデータや製品故障などのデータは製品やサービスの改良や顧客体験の改良などに大きく役立ちます。また，データは，デジタル・ビジネスにおいて製品・サービスの改良や各種の大幅なコストダウンを行う上で不可欠の資源と言うことができます。

そもそも事業を立ち上げる際に売上を予測するモデルを過去のデータから生成できれば，シミュレーションにより事業リスクを極小化できるため，新規事業においても全戦全勝できる基礎となります。

近年，GAFAによるデータ寡占が問題になっています。GAFAは膨大な顧客データを寡占的に所有しているだけではなく，次々と顧客データを持つ会社を買収しており，それらを相互参照して多角的に顧客分析を進めています。その結果として，後発的にGAFAに対抗することが益々難しくなっています。このため，大手IT企業のデータ寡占に対して規制をかけようという国々も欧州を中心として存在します。

データの所有権は誰にあるのか？

データが競争優位の源泉であることから，データが誰に帰属するのかについての争いが多く起こっています。例えば，航空機エンジンなどの機器から生成されるデータは，機器メーカー，機器所有者，メンテナンス業者，機器オペレーター，制御クラウド事業者などの誰に属するのかの決定的な基準は存在せず，これらの間での綱引き状態にあります。

ここで争いが起こるのは，例えば機器メーカーは，機器からのデータを処理

することで新たなサービスを立ち上げることを狙っており，また，例えばオペレーターは，同業に対してデータ処理などのサービスを提供したいと考えるからです。今までのリアルな世界の事業ドメインからデータを使って事業ドメインの拡大を図ろうと全ての当事者が考えているのです。したがって，新たなビジネスモデルを構築する上では，データを保持し使用する権限が誰にあるのかを予め取り決める必要があります。

筆者の経験では，機器を納入したメーカーに対し自動的にデータを渡さなければならないと考えているオペレーターは少ない一方，GE が Predix を立ち上げ，日立製作所が Lumada を提唱しているように，メーカーはデータの取得を前提に新たなデジタル・ビジネスの立上げを狙っています。このようなメーカーの思惑にもかかわらず，オペレーターはデータを簡単には渡してくれず，メーカーによるデータの取得は，UMPF などによって顧客に利便性を提供できる場合に限って，顧客であるオペレーターがメーカーによるデータの使用に同意するものと考えるべきだと思います。

AI を提供する事業者へデータを送付したとしても，データの所有権はオペレーターに留保されるのが普通でしょう。ただ，AI 事業者はデータの所有権は諦めたとしても，そこから生成されるモデルの所有権を主張する場合が多く

[図表5-5]　データは誰のものか

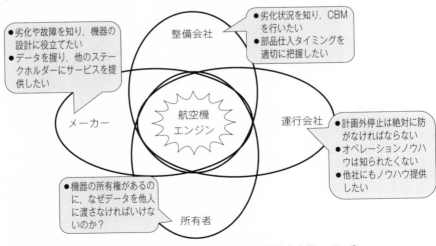

全てのステークホルダーがデータを梃子に事業領域拡大を狙っている

あります。データの使用権限については，今後も攻防が続いていくものと考えます（図表5-5）。

データの集積効果

データは，他の資源と異なり，個々のデータそのものに価値があるというよりは，他のデータとの関係，つまり比較や傾向分析などによって価値が出るものが多いと言えます。製油所のプロセスデータの分析についてソロモン・アソシエイツ（Solomon Associates）という会社が比較やベンチマーキングを提供していますが，自社のデータを他社のデータと比較してもらうために世界中の製油所が同社にデータを渡しています。これは非常に単純な例ですが，このようにデータを持つ会社には，更にデータが集積するという現象が起こります。

大量のデータを持つ事業者は，それに基づく優れたモデルを生成することができ，優れた判断を行うことができるため，分析・判断業務を受託し，それが更にデータ集積をもたらすのです（図表5-6）。

このため，データを持つものと持たざるものの分離が加速される現象が生じ，これを**データ・デバイド**と呼んでいます。企業は，時間の経過とともにデータをどのように収集していくかについての戦略を立てるべきです。

[図表5-6]　データの特定企業への集中

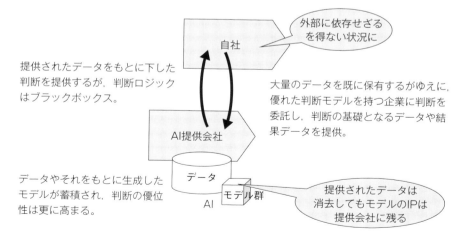

プライバシーとデータ公開効用のバランスとデータ銀行

　個人顧客に関するデータについては，プライバシーの問題が付きまといます。そのため，複数の企業間でデータを共有する場合，プライバシーの問題との整合をどのようにとるかという問題が生じます。

　これは，個人情報保護法のような法令を遵守していれば足るという問題ではありません。そのことを象徴しているのが，JR東日本による顧客データ販売問題です。

　JR東日本は，2013年7月から私鉄を含む首都圏約1,800駅でSuicaを利用して鉄道を乗り降りした履歴データを日立製作所に販売する契約を取り交わしました。販売するデータには利用者の氏名，電話番号などは含まれておらず，個人データではないので問題ないとの立場だったのですが，このことが報道されると，「個人を特定されそう」「（理由はわからないが）気持ち悪い」との批判が殺到し，JR東日本は謝罪に追い込まれました。

　この書籍を執筆している2020年時点において電力消費データの公開が検討されていますが，その検討状況をプレスリリースして公開するなど，規制側としてもどの程度情報を公開するのかについて気を使っています。電力使用データが公開されれば，地域ごとの空屋率がわかったり，在宅時間を予測できたりというようにメリットも大きい反面，電力需要家のプライバシー意識を刺激しかねないためです。

　データに価値があるとすると，事業者はそれを販売して対価を得る代わりに，利用者のサービス料金を引き下げたり，無料としたりすれば，利用者にとってもメリットがあります。また，自分のことをよく知った上で推奨を行ってくれれば利用者の利便性も上がるでしょう。顧客の利便性を確保するために，データの流通を認めながら，顧客によるデータ移転に関するコントロールも確保する仕組みとして，顧客がデータを信託機関に信託し，顧客の指示に基づいてデータの開示や移転を行う**データ銀行**が議論されており，信託銀行や電力会社がこれへの参入を狙っています。データ銀行の仕組みを**図表5−7**に示しました。

［図表5-7］　情報銀行のイメージ

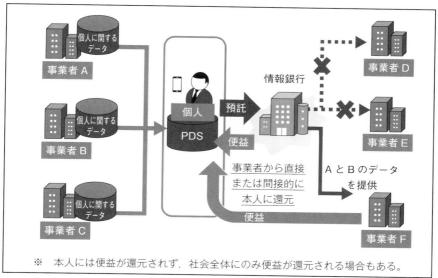

PDS：Personal Data Store
出典：総務省・経済産業省「情報信託機能の認定に係る指針 ver1.0」（案）

第 6 章

プライシング

1．バリューベーストプライシングとその擬制

　モノやサービスのプライシングには，大きく分けて相対立する 2 種類がある
と考えてよいでしょう。それは**コストベースのプライシング**と**バリューベース
のプライシング**です。

　コストベースのプライシングでは，まずは製品・サービスの原価を計算し，
これに必要なマージンを加算して価格を決定します。製品の原価計算やサービ
スにおける人月計算などは，このコストベースのプライシングです。

　バリューベースのプライシングでは，コストとは関係なく，顧客が製品・
サービスから受ける知覚価値を出発点として価格を決定します。原価より価格
が安ければ売る側は販売しないでしょうし，知覚価値より高いものは顧客が買
わないでしょうから，価格は原価と知覚価値の間のどこかで決まるのですが，
知覚価値から出発するプライシングの方が一般的に高額になる傾向があります。

　デジタル・ビジネスでは，バリューベースのプライシングのサービスが多く
存在します。その理由は，デジタル・ビジネスのコストがソフトウエアの開発
やサーバーコストなど固定費的なものが多く，個々のサービスと原価を紐付け
ることが困難だからです。GE は，風車からの風況情報を解析して風車の発電
量を向上させるサービスを行っていますが，基本的に増加した電力の売上を顧
客と折半しています。これは，バリューベースのプライシングの典型でしょう。

　ただ，問題なのは一般に知覚価値そのものを数値として得るのは難しいとい
うことです。そのため，顧客の得る価値を擬制する何らかの指標を見つける必
要があります。メルカリもヤフオクも，出品者から落札価格の10％（ヤフオク
プレミアム会員は8.8％）の手数料を徴収しているのがこの例で，高いものを

売るほど，高く売れるほど出品者の得る利益は大きいと考えるのです。

　これらの価格はヤフオク側のコストとは全く関係ないものとなっていることに注意してください。このように，サービスによって利益を受けるサイドから，その利益に見合う対価であると納得できる価格を見つけていくことが，デジタル・ビジネスのプライシングには求められます。

2．サブスクリプション（固定額課金）

サブスクリプションの意味と理由

　一方，いわゆるサブスクリプションが増えているという現状があります。サブスクリプションとは，新聞料金のように一定期間定額となっている料金のことです。最近は，サブスクリプションの顧客側の認知や受容性も上がっていて，様々なものがサブスクリプション化される傾向にあることは，読者も周知のとおりです。

　サブスクリプションの料金を採用することにより，ソフトウエア開発とサーバーなど固定的な費用で構成されているサービスでは，事業者の財務的なリスクは低下し，顧客と継続的な関係に入り，顧客が購買停止判断をしない限り，顧客との関係が継続します。また，ユーティリティやシェアリングに持ち込みやすくなるため，資源稼働率を上げられることが多く，顧客の使用に関するデータを収集できるようになります。

　一方，顧客としてもサブスクリプションの価格をシステム使用料と考えれば納得できるものですし，多くのサブスクリプションでは顧客は一定期間一定額でサービスが使い放題となり，1回ごとの購買判断をするわずらわしさから解放されるとともに，使い放題によるお得感も増します（図表6-1）。

　サブスクリプションを行うと，一般に顧客の製品・サービスの使用量が増加し，使用量当たりの顧客の支払い単価が低下します。このため，サブスクリプションの価格としては，顧客は従量課金の場合よりも総額としては高額な支払いに応じる傾向があり，結局顧客単価はサブスクリプションのほうが上昇する傾向があります。「iTunesで1曲ずつ買うよりも自由に数多くの曲が聴けるのでApple Music Storeには総額として少し多く支払っても納得できる」と考えるわけです。もともと事業者としては費用は固定費的ですから，使用量が上がっても顧客単価が高いほうがいいわけです（図表6-2）。

[図表6-1]　サブスクリプションモデルのメリット

	事業者	顧客
メリット	● コストが固定費的である場合，事業リスクが低下する。 ● 自動更新されるのが普通であり，継続的な取引を行うことができる。 ● 使用経済に持ち込みやすく，資源稼働率を上げられる。 ● 提供物へのフィードバックを収集でき，製品開発が進む ● 使用量をカウントして請求する仕組みが不要となる。 ● 顧客は，その需要を定額の範囲に集中させようとするため，競合を排除できる。	●「使いたい放題」となり，お得感が生まれる。 ● 小さな購買判断を積み重ね，購買を繰り返すわずらわしさから解放される。 ● 事業者側からの推奨が新たな出会いやワクワク感をもたらす。

[図表6-2]　従量課金との比較によるサブスクリプションのメリット

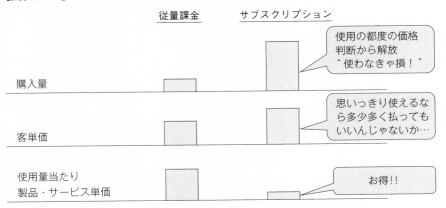

　インターネット接続や米国での電話のローカル回線は，伝統的にサブスクリプションで提供されてきました。その理由は，サービス提供のための設備が固定費的であり，その費用構造と価格構造がマッチするからであり，また副次的には使用量に応じて顧客ごとに従量料金を計算するための仕組み（billing system）を構築しなくてもよく，多くの顧客を持つインフラ的なビジネスでは，それだけで大きな費用節約になるからです。

通信業者が伝統的に伝送データ量（bit）や発呼（call）あたりの単価は気にせず，平均顧客単価（ARPU：Average Rate Per User）を重視してきたのは，既に述べたように発呼やデータ量当たりのコストは実は増加せず，顧客単価を伸ばす経営こそが正しい経営だからです。

これら以外に，サブスクリプションは，以下のような競争ダイナミズムを伴ったプライシングだと言えます。

1．品揃えが多い事業者に有利（大きいほど有利）であり，顧客は2以上の競合するサブスクリプションを購入しない傾向がある（マルチホーミングが回避される）。
2．契約関係を終了するにはそのための意思表示が必要であり（意思表示しなければ自動継続する），顧客をLTV（Life Time Value）化しやすい。
3．サブスクリプションのフィーは低く抑え，個別に発生する特殊需要を都度購入させるモデルも派生的に考えられる（Amazon Prime，弁護士の顧問料など）。この場合も顧客は2社以上のサブスクリプションを行わない傾向があるため，マルチホーミング回避の効果がある一方，顧客を独占的に確保し，都度購入されるサービスで利益を得られる。

特に1．の特性の結果，最大手としてはサブスクリプションに持ち込んでしまったほうが競争上有利であり，Amazon Prime のように低額であってもサブスクリプション課金を行う意味は大きいと言えます。しかしその一方で，いくら顧客受容性を高められても，やはり牛角のような原価が大きな事業者にはサブスクリプションは厳しいモデルだと言うことができます。

サブスクリプションの種類と出会いのためのサブスクリプション

マッキンゼーは，サブスクリプションは通常，「補充（replenishment）」「出会い（curation）」「会員（access）」の3つに分類できると報告しています（"Thinking inside the subscription box : New research on e-commerce consumers" Feb/9/2018 Article）。「補充」は，牛乳配達のように定期的にモノを送付してくれるサービスであり，「出会い」は，利用者の意思にかかわらず事業者側の推奨するものを提供することにより驚きや意外さを楽しむサービスです。「会員」は，インターネット回線のように設備使用の権利を得るようなサービスです。

この中でも「出会い」というのは，サブスクリプションに特徴的なものと言

え，特に嗜好品を扱うビジネスでは検討してみる価値があると考えます。提供価値に対して価格を評価するのではなく，一定の価格に対してそれに見合う提供価値を顧客ではなく事業者側が選択して提供するサービスです。

　例として，化粧品との出会いを提供するBIRCHBOXは，ユーザーが髪質や肌タイプ，悩みなどを登録すると，月＄10で高級化粧品サンプルを5個顧客に送付し，顧客の口コミ入力に対してポイント付与しそのポイントで商品を購入できるようにしています。日本ではアイスタイル（＠cosme）のBLOOMBOXがほぼ同じサービスであり，楽天のRAXY，仏発のMy Little Boxも同様のサービスです。

　料理やその作り方との出会いを提供するBlueApronは，ニューヨークからスタートしたレシピ付き食材配達サービスであり，2人分（＄9.99/Meal）か4人分（＄8.99/Meal）と配達曜日を指定して利用します。服との出会いを提供するLe Toteは，顧客がウェブで自分好みの服を3着バーチャルクローゼットに入れたものを，スタイリストが選んだ2着とともに，返却を条件として毎月配送します。日本ではAirCloset，ストライプインターナショナルのメチャカリなどが同種のサービスを提供しています。ワインのVINEBOX，香水のScent Trunkなども同様の発想のサービスです。伝統的なサービスではありますが，結婚紹介などもこの種のサービスとして捉えることができ，通常サブスクリプションとして提供されています。

サブスクリプションの原価側のコントロール

　自社の固定的な資源のみを使用するサービスでは，サブスクリプションのほうが収入・支出の関係がわかりやすくなると言え，従量サービスよりもむしろサブスクリプションのほうがリスクが低いと言うことができます。しかし，NetflixやSpotifyのように，コンテンツホルダー側が通常従量制のプライシングを行っているときは，それを受け入れてしまうと顧客側には固定，コンテンツホルダー側には従量という財務的なリスクの高い危険なモデルになってしまいます。

　しかし，コンテンツホルダーもコンテンツを販売する段階ではほとんど全てがサンクコストであるため，新たな従量的な費用を持っているわけではなく，コンテンツから生み出せる収入を最大化できるのであれば，コンテンツの再生回数などは問題としなくてもよいと言うことができます。そのため，事業リス

[図表6-3]　プラットフォームにおけるサブスクリプションの財務モデル

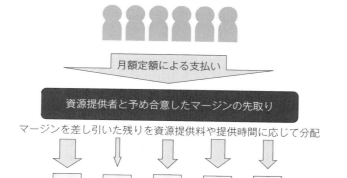

月額定額による支払い

資源提供者と予め合意したマージンの先取り

マージンを差し引いた残りを資源提供料や提供時間に応じて分配

コンテンツホルダー等

クをある程度コンテンツホルダー側に負担してもらうような財務モデルとすることが望ましいと言えます。

　Netflix などの配信事業の財務モデルを見ると，ユーザーからの固定的なフィーの総額（＝プラットフォーマーの収入）からまずプラットフォーマーの取り分を一定の割合（例えば3割）で差し引き，残りをコンテンツホルダーに再生時間に応じて配分するというようなモデルになっています。

　プラットフォーマーとしては，再生される可能性を作り出すために視聴者を獲得することによって報酬を受けることになり，あとはコンテンツの強さによって配分されるため財務的にも妥当であるし，コンテンツホルダー側も強いコンテンツを提供して再生時間シェアを上げることを動機付けられるため，優れた財務モデルだということができると思います（図表6-3）。

個別課金からサブスクリプションへのマイグレーション

　製品やサービスの進化の過程として，サブスクリプションを含む as a Service への移行は，単純な価格だけはない，財務モデルの大転換を含んでおり，新たなサービスを立ち上げるならともかく，既存製品・サービスを売り切り販売型から使用従量型，あるいはサブスクリプション型に移行するのはカニバリゼーションのために怖い，やりたくないという声がよく聞かれます。

　その理由は，ソフトウエアとして販売している場合は，その版の寿命全てに

あたる価格の売上とキャッシュフローを販売時点で手にすることができ，利益認識もその時点で全て行ってしまうことができる反面，サブスクリプションを含む as a Service では，売上もキャッシュフローもゆっくりと流入する形となり，利益認識も遅れるため，売上や利益の一時的な激減に見舞われてしまうという恐怖に襲われるからです。

しかし，これは多くの例を見ると杞憂のように思います。

アドビ・システムズは，急速な SaaS＋サブスクリプションモデルへの転換を行っても，売上の激減に見舞われることはなく，むしろ従来とは異なるユーザーや違法にコピーしていたユーザーを取り込んで増収基調となっています（図表6-4）。マイクロソフトの劇的な復調も，Office などのサブスクリプションモデルへの移行が原因であると考えられます。

これらのサービスの移行推移を見ると，サービスとしてのソフトウエアのバンドリングが功を奏しているとも言えると思います。ユーザーはアドビの製品の多くがバンドリングされたサブスクリプションにお得感を覚えるわけですが，アドビ側から見ればユーザー数，1人当たりの売上が最大化されるのであればユーザーがどのソフトを使ってくれてもコストとしては同じであるから問題がないわけです。売り切りからサブスクリプションへの移行は，慎重に行うべきではあるものの，正しく企画されたサブスクリプションへの移行は事業者に利益をもたらすということを学ぶことができます。

[図表6-4]　サブスクリプションへの転換（アドビシステムズ）

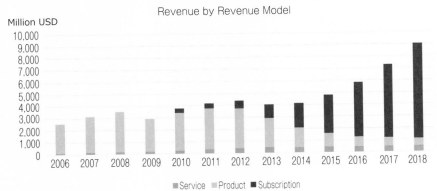

出所：Adbe Inc. Form 10-K

3．ダイナミック・プライシング

　サブスクリプションとともに，極めてデジタル・ビジネスらしいプライシング方法として，時間や販売場所により価格を柔軟に変化させる**ダイナミック・プライシング**があります。

　ダイナミック・プライシングとは，商品やサービスの価格感応度や在庫，競合の行動，その他環境に関する情報を蓄積・分析して，時間や場所によって商品やサービスの価格を柔軟に変更することです。価格感応度は個人によって異なるため，個人による価格の変更も広く言えばダイナミック・プライシングですが，個人をターゲティングした価格変更は，むしろクーポニングの概念に包摂されるでしょう。ですが，これも原理的には同じものだと考えてよいと思います。

　航空運賃やホテル宿泊料は，ダイナミックな価格変更がむしろ当たり前になりつつあり，座席や客室の容量あたりの収入最大化を図るという意味で，航空業界では**レベニュー・マネジメント**，ホテル業では**イールド・マネジメント**の語で呼ばれるのが一般的だと思います。

　最近は，ダイナミック・プライシングは，これらの業界に限らずその適用対象を大きく広げています。その理由の1つは，環境に関するデジタルデータを取得しやすくなっているからであり，天気予報などの天候に関するデータが取得ないし購入可能なのは勿論，周辺でのイベントや競合の価格，ウェブやSNSでの話題性などについてもウェブのクローリングやスクレイピングによって収集することが可能です（**図表6-5**）。これらの情報を社内で蓄積した需要変動や価格感応度のデータと組み合わせ，従来よりも正確な価格を決定できるようになっています。

　もう1つの理由は，ダイナミック・プライシングを可能にするソフトウエアやサービスの広がりであり，例えばダイナミック・プライシングに関する計算を主に EC 向けにオンラインで提供する Blackcurve は，同社のサービスをPraaS（Pricing as a Service）と呼んでいます。日本でも様々な商品やサービスを対象としてダイナミック・プライシングを提供する企業として三井物産，ヤフー，ぴあ，エイベックスが2018年にダイナミックプライス㈱を設立しています。

[図表6-5] ダイナミックプライシングの仕組み

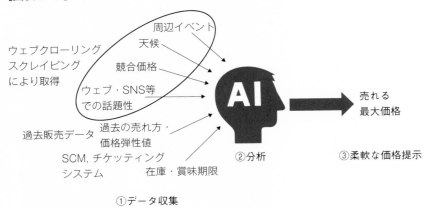

ウェブクローリング
スクレイピング
により取得

周辺イベント
天候
競合価格
ウェブ・SNS等
での話題性
過去販売データ　過去の売れ方・
　　　　　　　　価格弾力性値
SCM, チケッティング
システム　　　　　在庫・賞味期限

①データ収集

②分析

AI

売れる
最大価格

③柔軟な価格提示

　ダイナミック・プライシングの例として，ソフトバンクホークスとヤフーは，2019年開幕戦からヤフオク！ドームの客席にダイナミック・プライシングを行う「AIチケット」を発売しました。1試合当たり約1,500席を対象とし，従来のようにエリアや列だけではなく通路側か中側かのように1席単位に価格を変動させています。オリックス・バッファローズや楽天イーグルスなども同様なプライシングを導入しています。

　小売業であるトライアルカンパニーは，2018年12月に最新のAI・IoTを導入した次世代スーパーマーケット「トライアル Quick 大野城店」をオープンし，約12,000枚の電子プライスカードを全商品に導入，需給に合わせたプライシングを行っています。同社は，ダイナミック・プライシング以外にも AI 冷蔵ショーケース，夜間無人化，プリペイドカードチャージ機，カートへのデジタルサイネージ導入などデジタル化投資を積極的に進めています。この他にもUber がタクシーの稼働率に応じて価格を変更し，Airbnb がホストに対して最適価格を AI を使って提案していますし，akippa が駐車場価格の値付けに AI を用いることを実験中です。

　ウォルマートは，Everyday low price で有名ですが，あえてダイナミック・プライシングを導入することで食品を売り切り，廃棄ロスを削減することに成功しています。

　エイベックスも，浜崎あゆみのコンサートの入場料を需要の強さに応じて変動させています。ダフ屋による転売防止が目的と説明されていますが，結果的

にはダフ屋の利益もエイベックスに取り込むものとなっています。

このようにダイナミック・プライシングは，座席や部屋数に制限があり客数に応じたコスト変動が少ない業種に特に最適で，固定的な容量に対して総収入を最大化する施策ですし，物販においても粗利を最大化するとともに廃棄を最小化する手段だということができます。

ただ，良いことばかりではなく，「客の欲しさを見透かし，取れる客からは取る」ものとみなされ，顧客が変動価格を受容しない文脈ではかえって信頼を失うことがあることには，注意が必要です。

また，例えば旅客運賃では，便ごとに価格を変動させてしまうと，JRエクスプレスカードが行うような予約の柔軟な変更はかえって難しくなることにも注意する必要があります（図表6-6）。同じ鉄道のサービスでも，ドイツ鉄道では，DB Navigator という予約サービスでダイナミック・プライシングを導入する結果，路線によっては極めて大きな運行密度を持っているのに，顧客が列車間で予約を柔軟に変更することができなくなってしまっています。

最後に，売値を柔軟に提示するタイプのダイナミック・プライシングの他，オークションも一種のダイナミック・プライシングであり，需要や知覚価値を背景とした価格発見のメカニズムとしてデジタル・ビジネスで多用されることも，ここで指摘しておきたいと思います。

[図表6-6] ダイナミック・プライシングのメリットとデメリット

	企業	消費者	導入条件
メリット	●収益の最大化 －平均価格上昇 －売り逃しの削減 －廃棄ロスの削減 ●値付けにかかる人的コスト削減	●需要期であっても高額に甘んじれば手に入る確率が上がる ●需要期を動かせるのであれば，低額で入手できる	●価格変更が容易に可能 ●顧客が価格変更を受容 ●価格変更余地が大きい（粗利大）
デメリット	●システム開発・運用コスト ●価格を動かすことによる信用の喪失，消費者による買い控え	●高額で売りつけられた感 ●価格の透明性が薄れる ●低価格探索疲れ	

出所：ソフトバンク「事例から学ぶダイナミックプライシング入門講座。AIがもたらす『価格』の未来とは？」を基に筆者が加筆

4．フリーとマネタイズパターン

　デジタル・ビジネスでは，サービスが無料で提供されることが稀ではありません。その理由は，無料にすることの集客力は極めて大きいためであり，様々なサービスが無料で提供される結果として顧客も無料に慣れてしまっていることが挙げられます。

　無料のサービスを前提として，どのように収益を上げるのかを**マネタイズ**と言っていますが，クリス・アンダーソンは，その著書『フリー』の中で，次の3つのマネタイズパターンがあると述べています。

　1つ目は，**直接的内部相互補助**と呼ばれるもので，無料で集客した顧客から，無料にしたものとは別の提供価値の対価として回収するものです。ソフトウエアの使用は無料だが，導入コンサルティングや保守サービスは有料にするのがその例です。

　2つ目は，**第三者市場**と呼ばれるもので，広告収入など，無料サービスのユーザー以外から収入を得るものです。例えば，外国人観光客に無線 LAN 接続サービスを提供し，その接続情報を分析して販売するというように，広告ではない第三者市場も考えられます。

　3つ目は，**フリーミアム**と呼ばれるもので，プレミアム機能や追加容量を顧客に有償で提供するものです（**図表6-7**）。

　特にコンテンツサービスの場合は，コンテンツ自体は無料が当たり前になっていますので，無料のコンテンツ提供で獲得した顧客を，顧客がお金を払うことが当然と考える市場に連れていき，そこで売上を作って利益につなげるというパターンがあるように思います。

　ゴルフダイジェストオンラインのセグメント情報を見ると，同社の社名になっているゴルフダイジェストのコンテンツを提供するメディア事業では広告の売上や利益はともに比較的小さいのに対して，そこで得た顧客を送客して行う EC 事業は非常に大きな売上と利益を上げていることがわかります（但し，同社は現在ではセグメント開示を中止しています）。

　ほぼ日についても同じことが言え，「ほぼ日刊イトイ新聞」を無料で提供し，物販で稼ぐというビジネスモデルです。

　音楽コンテンツ業界では，CD や DVD などの物理媒体を用いて物販として

[図表6-7]　フリーからのマネタイゼーション

直接的 内部相互補助	● 無料で集客した顧客から，別の提供価値の対価として回収する 　ー携帯ゼロ円⇒通話料・データ通信料で回収が典型
第三者市場	● 無料で集客した顧客を対象とした広告による収入 　ーSmartNews などの情報媒体 　ー無料ブログサイト，YouTube 　ー旅行客へのフリー WiFi 提供⇒顧客情報収集・販売
フリーミアム	● 追加的な機能や容量を提供する顧客から有料で徴収 　ー追加的な機能や容量…クックパッド，Dropbox 　ー"勝てる"，"パワーアップ"…ゲーム（USJ エクスプレスパスも同じ発想） 　ー"広告が入らない"インターネットラジオ

ビジネスを展開してきましたが，ネット配信の時代を迎えてデジタルコンテンツの収益性が落ち，その代わりコンサートの座席やそこでのグッズ販売を収益源としてビジネスをせざるを得なくなっています。今後コンサートの臨場感すら仮想現実化されると，いよいよ関連した物販にしがみ付かざるを得なくなるかもしれません。

　コンテンツ提供で顧客を獲得して物販を行うのは，紙芝居で客寄せして飴玉を売るという伝統的なビジネスモデルでもありますので，日本人のお金の出しやすさの対象をうまく捉えたモデルなのかもしれません。一般的なイメージに反してEC（物販）こそが利益の源泉となっている事業者が，実は数多く存在しているのです。

第2部

デジタルによる競争ダイナミズムの変化

第1部の第2章から第6章までは，デジタルによる企業の戦略要素である提供価値やビジネスモデルの変化を見てきました。第2部においては，デジタル技術によって生ずる競争ダイナミズムの変化を見ていきます。第7章と第8章においてプラットフォームやモジュール化という競争原理の変化を見た後，第9章ではいくつかの重要な産業領域におけるデジタル化を例示し，更に第10章では技術が引き起こすビジネスインパクトを観察します。

第7章

プラットフォームと
そのダイナミズム

1．プラットフォームの意味と効果

　プラットフォームとは，製品や事業の一部が共通のものとして切り出され，多数の製品や事業がその機能を共用するものです。プラットフォームは，複数の利用者を予定しています。機能の共用だけではなく，利用者同士がプラットフォームを介して相互作用（interaction）することが特徴となっています。

　プラットフォームを介して相互作用を起こす場合，ユーザーが1種類しかないプラットフォームを**シングルサイド・プラットフォーム**（single-sided platform），2種類以上のユーザーがいるプラットフォームを**マルチサイド・プラットフォーム**（multi-sided platform）と呼んでいます（**図表7-1**）。

[図表7-1]　プラットフォーム

独立した製品・事業

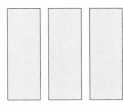

シングルサイド・プラットフォーム

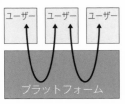

● 共通機能の括りだし
● プラットフォームを通じた
　インタラクション

マルチサイド・プラットフォーム

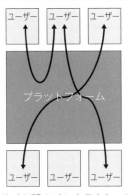

● サイド間のインタラクション

コミュニケーションのプラットフォームであるLINEは，シングルサイド・プラットフォームであり，宿泊予約のプラットフォームである一休.comは宿泊施設側と宿泊者側という2つのサイドを持つマルチサイド・プラットフォームです。

プラットフォームのデジタル・ビジネスとの親和性は極めて高いと言えます。それは，提供価値がレイヤー構造化しやすいというデジタル・ビジネスの性質（第8章）とともに，インターネットやワイヤレス公衆網などのネットワークの仕組みそのものが既にプラットフォームであり，その上にプラットフォームを構築しやすいからです。

プラットフォームの最初の効用は，複数の製品や事業の仕組みの共通部分が括り出されることによって起こるプラットフォームに参加する事業者の生存限界規模の縮小です。ホテル事業では，宿泊者に旅行を開始する前に予約してもらうためにある程度の存在感を持つ必要があり，小さな規模の宿泊施設は成り立ちにくい，あるいは大手と競争する上で圧倒的に不利と言えますが，Airbnbのプラットフォームが存在することにより，個人でも，1室からでも宿泊事業を営むことが可能になっています（図表7-2）。

プラットフォームの効用として更に注目されているのは，プラットフォームでは顧客が多いほど他の顧客とのインタラクションの可能性が増え，プラットフォームとしての効用が増加するため，新たな顧客がそのプラットフォームを選択し，更に顧客が増えるという好循環が発生することであり，**ネットワーク効果**（Network effects），あるいは**ネットワーク外部性**（Network externality）と呼んでいます。ネットワーク効果は，アプリケーション機能や処理を模倣することが極めて容易なデジタル・ビジネスにおいて重要な競争優位の源泉となります（図表7-3）。

マルチサイド・プラットフォームにおいては，2つ以上のサイド間のネット

[図表7-2]　プラットフォームの効用

[図表 7-3] プラットフォームに生じる好循環（ネットワーク効果）

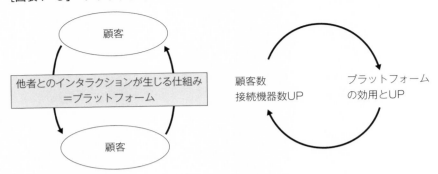

ワーク効果を生じますが，一方のサイドの顧客が存在しないプラットフォームは他方のサイドの顧客にとって意味がないため，その発生にこぎつけるのが難しい分，一旦サイド間のネットワーク効果が生じるとその優位が破られにくいという性質を持っています。このような複数のサイドの間に生じるネットワーク効果を**サイド間効果**（cross-side effects）と呼んでいます。

ネットワーク効果が生じることにより，プラットフォーム間の競争原理として，「大きいプラットフォームが勝つ」「扱う対象の種類が多いワンストップのプラットフォームが勝つ」というルールが生じます。そこから，プラットフォームの競争では後発参入者は不利であり，既存プレーヤーが有利であるという副次的なルールが生じるのです。多くのデジタル・ビジネスがプラットフォームを利用することを考えると，一般論として早くビジネスをスタートすべきであることは，既に第1章において述べました。

2. プラットフォームが持つその他の特徴

プラットフォームは，更に以下のような特徴を持っています。

収穫逓増
ネットワーク効果が生じた結果として，プラットフォームはその規模が大きくなるに従い更に競争力が強化され，売上や利益が加速度的に増加する現象，いわゆる収穫逓増の現象が生じます。**図表 7-4** は，アマゾンの売上推移を示していますが，規模が拡大するにつれて売上増加のスピードが上がっているの

[図表 7-4] アマゾンの売上推移

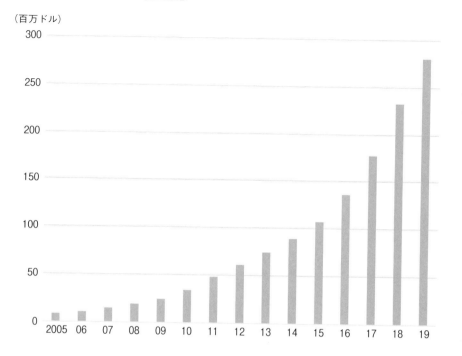

(百万ドル)

が見て取れます。このような現象は，アマゾンだけではなく，プラットフォーム企業一般に共通するものです。

　規模による優位性は，規模が増すに従って限界的に得られる優位性が低下していくのが普通であり，この現象は収穫逓減と呼ばれていることは周知のとおりですが，プラットフォームでは，これと逆の現象を生じるのであり，プラットフォームの大きな魅力と考えられています。

臨界点の存在

　他社とのインタラクションを提供するプラットフォームでは，そのインタラクション自体が重要な提供価値となることから，他の顧客が存在しない段階においては，その効用を発揮しません。そのため，顧客が増え，十分な効用を発揮することができる規模，すなわち臨界点が存在し（**図表 7-5**），臨界点以下の段階では強引にでも顧客を増やす方策を講じる必要があります。他のプラッ

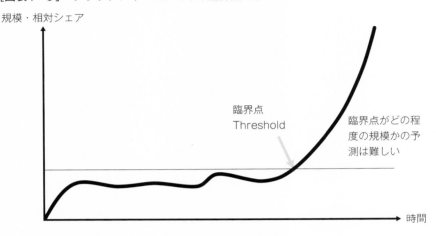

[図表7-5] プラットフォームにおける臨界点の存在

規模・相対シェア

臨界点
Threshold

臨界点がどの程
度の規模かの予
測は難しい

時間

トフォームと比べて明確に強力なネットワーク効果を生じていない段階におい
ても同様で，強引にでも顧客を増やす必要があります。

　プラットフォーム初期段階における顧客増加策を（**図表7-6**）にまとめま
した。顧客にインセンティブを与えて集客したり，営業マンなどのリアルな要
素を使って集客する，鍵となる顧客にはプラットフォームの株主になってもら
う，などデジタル・ビジネスらしからぬベタなリアル要素が多いと言えます。
重要な顧客に資源を傾斜配分し，先に顧客になってもらう努力に傾注するとい
うストーリー的な施策も重要となります。

　これらの手法の中でも特に最近顕著なのは，顧客に対する金銭的な**利益の供
与**（Subsidization）です。例えば，バーコードを使ったスマート決済のプラッ
トフォームである PayPay は，2020年8月の時点では決済者の決済手数料も加
盟店手数料も無料にしており，完全に無収入な状態にありますが，手数料を無
料にするだけではなく，PayPay で購入した代金の20％を PayPay 負担とし，
更に10回から40回に1回の確立で全額 PayPay 負担とする「100億円あげちゃ
うキャンペーン」を2018年の12月4日から13日に行いました。これは当然なが
ら決済者を増やす効果を持ちますが，PayPay 負担による実質的な値引きが行
われる結果として PayPay 加盟店の売上が PayPay 負担によって上がるため，
加盟店をも劇的に増やす効果を持っています。

　更に，例えば，エムスリーは，初期的には同社のプラットフォームを MR

初期顧客獲得方法	手法の意味
ユーザーへの利益供与	プレゼントや大幅値引きなどの形で利益を供与してPFへの参加を促す。
営業などリアル要素による確実な初期顧客の確保	事業性を確保可能な初期顧客からの参加のコミットメントを事業立ち上げ前に獲得するスーパーデリバリーでは，3社程度のメーカーのコミットメント。
初期顧客とのPF事業のJV化，事業インセンティブ付与	初期顧客と事業利益を分け合い，参加のコミットメントを得るとともに，顧客のリクルーティングへの助力を確保する。 イーネットでは銀行・コンビニとIBMで事業をJV化。
顧客へのPF機能以外の利益提供	プラットフォーム機能以外に無料または低価格で得られる機能的メリットを提供し，プラットフォームへの参加を促す。 インスタグラムの写真加工・整理機能，オープンテーブルの予約管理機能など。
ユーザー・シーケンシング	参加することによる効用が高い顧客の集客に優先的に資源配分する。 象徴的な顧客を獲得する（B2Cの場合は有名人）。 Twitterの有名人リクルーティング。
既存取引関係の利用	異なる事業の顧客を当該PFに勧誘する。 既存の事業者顧客関係を取り込む（顧客の持つ営業力の利用など）。 エムスリーの立上げでは顧客製薬会社のリアルMR活用。
既存団体の取り込み	既に存在している団体のためにPFを無償あるいは低価格で提供することにより，PFを一気に立ち上げる。

による医師への連絡ツールとして位置づけ，MRによる医師の加入を促進し，十分な加入者を獲得した後，医薬情報の発信の主体を製薬会社に切り替え，製薬会社と医師との間にネットワーク効果を働かせて成長し，医師による加入が支配的になった後に，治験プラットフォームの立上げという，医薬情報提供よりも価値は高いがもう一段利用者を獲得しにくい機能の追加へと駒を進めています。

　このように，初期的にはネットワーク効果が効かないことを前提とした勧誘策を行い，後にネットワーク効果を前提とした更なる集客策，市場の拡大策を考えていくというストーリーデザインが求められるのです。

3．プラットフォーム戦略内部での選択肢

課金モデル

　プラットフォームを創設する場合，どのような収入モデルを採用するかを決定する必要があります。特にマルチサイド・プラットフォームの場合，第三者市場モデル（第6章で解説）を採用しない限り，どちらのサイドに課金するのかという問題を生じます。課金の対象とするサイドを**マネー・サイド**（money side），課金しないで課金対象の客寄せに使うサイドを**サブシディー・サイド**（subsidy side）と呼んでいます。

　一般に，プラットフォーム機能からより利益を受けるサイド，課金しても離脱する可能性が少ないサイドに課金しますが，一方が事業者，もう一方が個人である場合には，事業者側に課金することが多いと観察します。ホテル予約プラットフォームがホテル側に課金し，旅客側に課金しないのがその例です。

　なお，サイド間で決済が発生するときは，その決済に介在してマージンを得るという方法も多く取られていますし，取引自体は無料で行い決済手数料として利益を得ることも可能です。配車サービスのGrabが，顧客から料金を徴収し，手数料を差し引いた上で運転者に支払うのがこの例です。

　取引相手の紹介を行い，取引を当事者間の交渉にゆだねるタイプのプラットフォームでは，紹介自体への課金では大きく課金できず，成立した取引に課金したほうが顧客受容性が大きく，課金にも納得性があり，金額も高くなる場合があります。このような場合は，取引成立をプラットフォームとして検知できませんので，サブシディー・サイドに少額の取引成立の御祝い金を出すなどして取引成立の報告を促すような工夫もなされています。

オープンプラットフォームとクローズドプラットフォーム

　プラットフォーム創設にあたり，プラットフォームへの自由な参加を認めるのか，プラットフォーマーの承認を得なければ参加を認めないのかという選択を行う必要があります。

　例えば，MS Windowsのプラットフォームではアプリケーションのレイヤーはオープンであるため自由に参加ができ，アプリケーションの販売も自由ですが，iPhoneのアプリケーションレイヤーはクローズドであり，アプリを制作・

頒布するためにはアップルの承認を得る必要があります。クローズドにも程度があり，会社同士のアライアンスに基づいて個別に参加を認められる場合もあれば，単純にセキュリティや社会的有害性などについての製品に形式的審査で参加を承認する場合もあります。

　一般に，オープンであればあるほど参加が奨励されますので，ネットワーク効果やエコシステム（第8章）の強化が行われやすいと言えますが，自社の収益機会は減少します。クローズドなプラットフォームでは，この反対となり，この選択によって，異なるダイナミズムを生ずることとなりますので，比較検討した上で選択することが必要です。

4. 既存プラットフォームへの対抗戦略

　既に述べたように，ネットワーク効果はプラットフォームに特徴的に見られるビジネスインパクトですが，それが機能しなくなる，あるいはこれを克服するような現象がいくつか存在します。後発のプラットフォームやプラットフォームの利用者としては，次に述べるような現象を利用して，支配的なプラットフォームに競争を挑むことを検討すべきです。

マルチホーミングとクロスプラットフォーム

　マルチホーミング（multi-homing）とは，ユーザーが複数のプラットフォームを同時に使用することを言います。宿泊者であるユーザーが楽天トラベルも一休.com も使っていて，これらを比較しながら使用するというような場合です。マルチホーミングが可能な状況では，既存のプラットフォーム側からはプラットフォームのネットワーク効果が薄れるという問題が生じますが，新規参入者としては，ユーザーが既存プラットフォームに囲い込まれるのを回避するために利用できる現象です。

　これと似たものに**クロスプラットフォーム**（cross-platform）があります。クロスプラットフォームは，事業者のサイドがプラットフォームを複数使用したり，使い分けたりすることです。同じホテルが，楽天トラベルにも一休.comにも登録しているような状態です（**図表7-7**）。

　これらが行われている状況では，ネットワーク効果の出現は限定的になってしまいます。ユーザーとしては強いプラットフォームと並行して弱いプラット

[図表7-7] マルチホーミングとクロスプラットフォーム

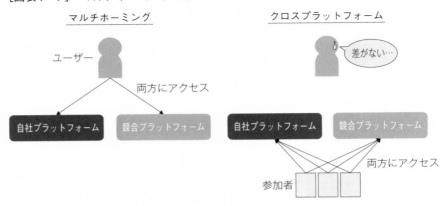

フォームも使えばいいからです。注意しなければならないのは，マネー・サイドで，しかもサブスクリプション課金されている場合は，顧客は大抵の場合プラットフォームは1つしか選択せず，2つ目以降のプラットフォームがマルチホーミング化を狙う場合，そのサイドをマネー・サイドにすることが難しくなることです。

プラットフォームのプラットフォーム

　支配的なプラットフォームが存在せず，多数のプラットフォームが乱立する市場においては，情報へのリンクや価格比較などの形で複数のプラットフォームをまとめ上げる「プラットフォームのプラットフォーム」が出現する傾向があると言えます。

　ECの商品の価格を比較する価格コム，ホテルの価格を比較するトリバゴ，航空券の価格を比較するスカイスキャナーなどが典型的なものですが，ブログのまとめサイトや，各新聞社などの情報を更にまとめるヤフー！ニュースやSmartNewsなども，プラットフォームのプラットフォームと捉えることができます。また，最近はGoogle Mapもこのような役割を地図とともに提供しています（図表7-8）。

　プラットフォームのプラットフォームは，価値の編集をほとんど行うことがなく，アグリゲーションや比較のみを提供するため，非常に軽いシステム開発で構築可能であることも，この種のプラットフォームが出現する原因となって

[図表7-8] プラットフォームのプラットフォーム

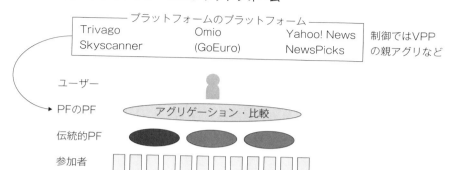

います。

　プラットフォームのプラットフォームが出現してしまうと，従来のプラット
フォームは顧客からの直接のアクセスを遮断され，顧客は複数のプラット
フォームを行き来することになるので，やはりネットワーク効果が阻害されて
しまいます。プラットフォームのプラットフォームは，その段階では，その集
客力を利用した第三者市場モデルであることが多く，その出現はこれから述べ
る大手事業者のプラットフォームからの離脱現象を生む原因となってしまいま
す。大手事業者としては，プラットフォームのプラットフォームを直接利用す
ればよく，自身をマネー・サイドに置くようなプラットフォームを通す理由が
ないからです。

大手参加者のプラットフォームからの離脱

　このところ，プラットフォームに参加する事業者の中で，大手の事業者によ
るプラットフォームからの離脱が相次いでいます。ディズニーがディズニープ
ラスを立ち上げてNetflixなどの独立系の映画配信プラットフォームから離脱
する動きを見せていますし，Tポイントカードは，一時期多くの業態，カテゴ
リーの参加者を持っていましたが，伊勢丹やアルペンなどが離脱しています。

　コンビニATMネットワークとしてほぼ独占的地位にあったイーネットに対
し，セブンイレブンがセブン銀行を立ち上げて独自のATM網を整備したのに
続き，ローソンもローソン銀行を立ち上げて自前のATM網を整備したり，も
う一方のサイドであるメガバンクがイーネットATMの利用に課金を行い，自

社のATMへの誘導を強めています。

　このように大手の事業者がプラットフォームから離脱するのは，いくつかの理由があると考えます。

　第1に，プラットフォームとしての機能進化に限界がきてイノベーションが停滞しているにもかかわらず，従来どおりの多額の手数料が事業者にチャージされることへの不満です。

　第2に，プラットフォームがUMPFとして機能し，顧客の属性や使用に関するデータを取得するのに対して，プラットフォーム参加者はそのデータへのアクセスが限定される，ということです。例えばNetflixは，ホラー映画を観る顧客がどの程度存在し，どんな場面があるとヒットし，どんな場面で視聴を離脱しやすいかデータとして把握しており，それをもとにして映画制作まで行ってしまっています。これは，映画スタジオ会社から見れば本来自社が把握すべき情報を横取りし，更に制作にまで進出して競合する許しがたい行為と映るのです。

　第3に，プラットフォームを構築する技術自体は，制御などと比べて複雑なものではなく汎用的なものなので，自社で構築できてしまうからです。

　例えば，リアル世界で花王や大正製薬が卸機能を自社で持っているように，シェアの高い事業者は顧客接点を自社で構築してしまい，結局，将来的にはプラットフォーマーは小規模事業者を纏める存在になってしまうのではないでしょうか？（図表7-9）

　このプラットフォームからの離脱現象は最近顕著になったもので，まだ十分研究されていませんが，新アイディアによるイノベーションが一段落し，顧客の獲得が成熟期を迎えると，情報系プラットフォームの提供するネットワーク効果は劣化してくるものと考えざるを得ないように思います。大手プラットフォームとしては，イノベーションを更に継続する努力をするか，センシングや制御を提供してユーザーのスイッチングコストを上げてしまうなどの戦略を考える必要があります。UberやLyftが自動運転の開発を積極的に行っているのは，その努力の一環と見ることもできると考えます。

　なお，「離脱」ではありませんが，衣料を中心に消費者とのインタラクションを重視し，消費者とECやSNSで直接結びつくことを最初から予定している製造業が増えておりD2C（Direct to Consumer）と呼ばれています。これも一種のプラットフォーム回避と言えるでしょう。

[図表 7 - 9] 大手事業者離脱後のプラットフォームの未来

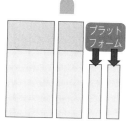

- デジタルを活かした PF 機能が業界を席捲する。

- 機能成熟により, 大手の業界プレーヤー（PF 参加者）が PF 機能を自身で構築する。
- PF 側は顧客使用情報を武器とし, 排他性や粗利増加を求め参加者を買収する。

- 結局, 2 〜 3 の有力な垂直事業者に集約されてしまう。

ニッチ・プラットフォーム

　一般的（General）なプラットフォームが存在しても, ある顧客や市場に特化したプラットフォームを成立させることにより, 後発的参入が可能になる場合があります。後発参入者は, ニッチ特有のニーズに対応する機能やプロセスを提供することにより, ニッチ内でのシェアを上げることを目指します。これに対し一般的プラットフォームとしては, 一般性を確保しながらニッチのニーズにも対応することにより対抗できます。クラウド・ファンディングにおけるニッチ・プラットフォームの存在を, **図表 7 -10**に例示しました。

[図表7-10] ニッチ・プラットフォーム

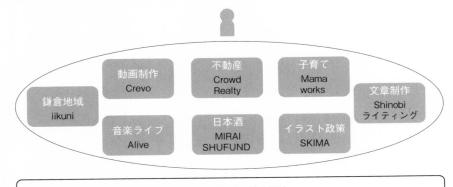

5．プラットフォームの市場間拡張

　既存の強力なプラットフォームを市場を超えて拡張することは，数多くの試行がなされています。いわゆる**スーパーアプリ化**と言われる現象は，この文脈で理解できます。しかし，実はこの戦略は，そこそこは成功するものの，大成功には至らない戦略のように思います。コミュニケーションツールであるLINEで決済を行うことや，タクシー配車ツールであるGrabでホテルを予約することを，ユーザーは期待していないのではないでしょうか。

　結局，ある特定分野で生じている先行者のネットワーク効果をなかなか突き崩せないということと，機能ごとのアプリ間の役割分担に関するユーザーのマインドシェア（棲み分け）を突き崩せず，プラットフォームの市場間拡張は失敗とは呼べないが成功とも呼べない程度の中間的な成功にとどまってしまうのではないかと思います。GoogleによるYouTube買収は大成功ですが，自身によるhangoutの展開に苦心しているのは，このような理由によると考えます。

6．無償化，オープンソース化，パブリックドメイン化

　プラットフォームに限ったことではありませんが，このままでは競合に敗北してしまうという場面において，有償で提供していた機能やその技術を無償化

したり，ソースコードを公開してオープンソース化したり，著作権自体を放棄してパブリックドメイン化してしまったりすることが行われています。

　マイクロソフトが Windows OS に Internet Explorer をバンドルしてブラウザのシェアを奪った際に，Netscape が取った無償化戦略や Firefox が取ったオープン戦略がその例です。android も，iOS に対して無償化，オープン化の戦略を採っていますし，Microsoft Office に対抗する OpenOffice のオープン戦略もその例として挙げることができます。

　無償化やオープンソース化を行うと，ユーザーが劇的に増えるだけではなく，無償で提供されたソフトウエアをベースとした顧客による利用や有志によるパブリック利用のための開発活動が活発化して，製品として競合にキャッチアップできるという効果がある他，無償化により競争領域全体が焦土化し，競合の勝ちを無効化（自社の負けも無効化）して一旦ご破算にした上で，自社がオープン化，無償化した製品をベースとして活発化したコミュニティを活用した異なるビジネス（Google の android 上での Play ストアへの課金など）を立ち上げることによりマネタイズを図ることが可能となります。強者に対抗する上での戦略オプションとして考慮するとよいでしょう。

　ただ，これは競合が支配的になり過ぎる前に繰り出すべき施策と言えると考えます。それが android の成功と Netscape などの必ずしも成功と言えない事例とを分けているように思います。潜在的な競合を含む競合の動きを予想してシナリオを生成し，資源や既存顧客を多く持つ競合と将来直面することが予想される場合，初期の段階からオープン化，無償化の戦略を採って早期に規模を確立することを考えるべきです。

第 8 章

モジュール化とエコシステム

1. モジュール化とカプセル化，その意味と効用

　本章では提供価値やバリューチェーンのモジュール化と，モジュールの再統合であるエコシステムについて観察します。モジュール化の議論は，デジタル化そのものとは一応別のものとして議論されてきました。しかし，この議論を主導したハーバード・ビジネス・スクールのボールドウィン（Carliss Y. Baldwin）とクラーク（Kim B. Clark）が IBM の System/360という製品の研究からこの議論を導いているように，デジタル化とモジュール化は相互に密接に関連しています。

　モジュール化（modularity）とは，一体的であったシステムを全体のアーキテクチャを定義した上で分割してサブシステムの集合とすることであり，分割されたサブシステムをモジュール（module）と呼びます。モジュール化されると，全体のアーキテクチャとともにモジュール間の入出力が定義され，各モジュールはそれを守ることが求められる一方で，全体の中での役割と入出力のルールさえ守ればその内部での処理はどのような技術を使ってどのように行ってもよく，全体と切り離されます。このことを**カプセル化**（encapsulation）と呼んでいます（**図表 8‐1**）。

　モジュール化により，各モジュールは，モジュールの役割と入出力ルールを守ることにより，他のモジュールとの"擦り合わせ"を気にすることなく，また他のモジュール内部で生じていることとは関係なくイノベーションを進めることができるようになります。その結果イノベーションがシンプルになり，試行の数も増加するため，イノベーションの速度が高まります。モジュールのサイズが全体と比べて小さくなりますので，一部のモジュールのみに参入して競

[図表8-1] モジュール化とカプセル化

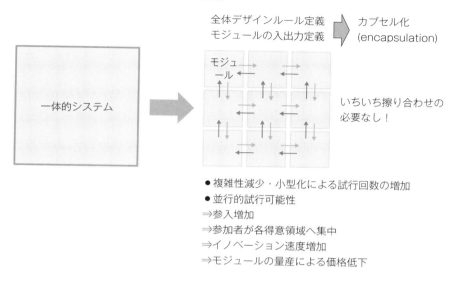

全体デザインルール定義
モジュールの入出力定義 ➡ カプセル化
(encapsulation)

モジュール

いちいち擦り合わせの
必要なし！

● 複雑性減少・小型化による試行回数の増加
● 並行的試行可能性
⇒参入増加
⇒参加者が各得意領域へ集中
⇒イノベーション速度増加
⇒モジュールの量産による価格低下

争する事業者が増加して競争を繰り広げる結果，更にイノベーション速度が上がるのです。

　例えば，コンピューターシステムを本体と記憶装置，入出力装置へとモジュール化すると，EMCのように記憶装置だけに参入する事業者が現れ，様々な技術が数多く試行される結果，記憶容量が飛躍的に増大し，急速にコストダウンが進み，それがコンピューターシステム全体の性能や用途の拡大に貢献します（図表8-2）。

[図表8-2] コンピューターシステムのモジュール化

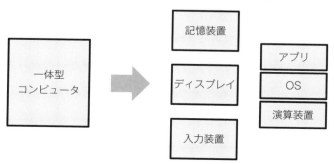

一体型
コンピュータ

記憶装置

ディスプレイ

入力装置

アプリ

OS

演算装置

ビジネスにおいてモジュール化を検討すべき領域は，2つあると考えます。1つは提供価値，すなわち製品・サービスであり，提供価値がモジュールに分解されると同時に，モジュールが組み合わされた全体としての価値提供のオーケストレーションが行われるようになります。もう1つは自社側の価値を作り出す仕組みであるバリューチェーンであり，バリューチェーンの中の機能が細分化され，更にそれぞれの機能を企業を超えて集約することにより規模の経済を獲得していく事業者が現れます。これらは，後述するエコシステムを検討すべき領域であるとも言えます（図表8-3）。

なお，モジュール化を表す語として**マイクロサービス**（micro-service）化という言葉が使われていることがありますが，これはモジュール化と同義と考えてよいでしょう。また，**アンバンドリング**（unbundling）という語も使われていますが，これも多くの場合，モジュール化のことと考えてよいでしょう。特にバリューチェーンに関するアンバンドリングという語は，通信や電力，金融などの規制されていた業種において，バリューチェーン機能を企業として分割する際に使われている語として理解するとよいと思います。

[図表8-3] モジュール化とエコシステムが存在する2つの場所

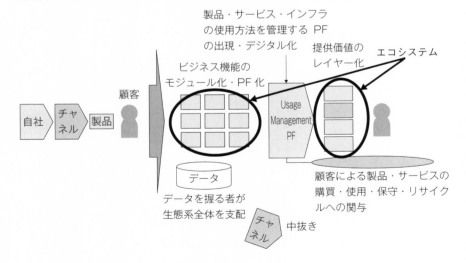

2．レイヤー化

　レイヤー化（layering）とは，今まで一体的であったシステムが重層的な構造に分解されることであり，通常，1つのレイヤーは，その接するレイヤーとの間のみで情報の受渡しを行い，自分と接しないレイヤーについては関知しないようにして，モジュール化を更にシンプルに整理したものです。コンピューターのハードウエア，OS，ミドルウエア，アプリケーションというのはレイヤー構造の典型的な例です。レイヤー化は，モジュール化の一種であり，更に進んだ形として捉えることができると考えます。

　レイヤー化はデジタル・ビジネスでのみ生じる現象ではありません。例えばトラック産業においては，車両と架装という2つのレイヤーが存在し，車両は日野やいすゞ，三菱ふそうなどが生産していますが，架装はバンボディーを日本フルハーフなどが，ごみ収集装置を新明和工業などが，コンクリートミキサーはKYBなどが生産するというようなレイヤー構造になっています。

　レイヤー化もモジュール化同様にデジタル・ビジネスで特に発現しやすいと言えます。これは，コンピューターの構造や通信のプロトコルなど，デジタル機器にレイヤー構造のものが多いこととも関係があるでしょう。レイヤー化はモジュール化の1つの形式として捉えて，本書ではレイヤー化をモジュール化とを一緒に解説します。

3．提供価値のモジュール化・レイヤー化と戦略

　B2Bの世界においては，提供価値のモジュール化・レイヤー化は一般的に**図表8-4**のようなレイヤー構造となると考えます。この提供価値のレイヤー構造は，情報システム自体のレイヤー構造であるハードウエア，OS，アプリケーションというレイヤー構造ではなく，例えば，制御層の各レイヤーにしても，情報層の各レイヤーにしても，それらの中にハードウエアもOSもアプリケーションも含まれており，各レイヤーにおける提供価値は情報システムを使ったサービスとして提供されているものと考えてよいと思います。

　この中のビジネス層は，それらより下側の全体を包摂するものであり，必ずしもレイヤーとは呼べないのですが，ここでは便宜上，他のレイヤーと統一的

[図表 8 - 4] B2B サービスにおける提供価値の一般的なレイヤー構造

に表現しました。

　例えば，NEC，オムロン，IBM，日立製作所などが参加する工場のマネジメントシステム全体を提供するコンソーシアムであるエッジクロスコンソーシアムが提供する工場管理の全体像を見ると，IT システム（情報層），エッジコンピューティング（制御層），FA（製品層）からなり，各層の内部で更にレイヤー化，モジュール化しているのが見られます。ファナックの提供するFIELD-System のレイヤー構造を見ても，ほとんど同じレイヤー構造が見て取れます。

　エッジクロスに参加する各社は，これらの全てを提供できるのではなく，各社は得意なレイヤーやその中のある種のモジュールに集中しています。ただ，顧客から見ると，これらの全部，あるいは少なくとも複数の機能を同時に取り揃えなければならないわけであり，そのための相互運用性が気になるところですので，それを確保する上でコンソーシアム（後述するエコシステム）を形成しているというわけです。

　一方，B2C の世界においては，提供価値のモジュール化は，エコシステム内に明らかなリーダー企業が存在し，その企業が全体の役割分担と入出力定義，つまりアーキテクチャの定義を行っていることが多いように思います。様々なゲームマシンの世界でゲームコンテンツとの入出力が任天堂やソニーなどのメーカーによって定義され，ゲームコンテンツプロバイダーはその定められた規格を守って製品を出していくというのが，その例です。YouTube は，コン

テンツ提供者への代理サービスを提供するために MCN というビジネスモデル
を定義してサービスを提供することを予定しています。もちろん B2B でも，
例えば，SAP のエコシステムのように中心になる企業が存在することも多い
と言えますが，前述のエッジクロスのように後発的に明確なリーダー企業がな
いコンソーシアムとして形成されるものも数多いと観察します。

　これらのレイヤーやレイヤー内外のモジュールが形成され，存在するという
ことは，この提供価値の構造の中でどこに関与していくかという選択をしなけ
ればならないということであり，また自身で関与しないレイヤーについて誰と
提携していくのかということを決めないといけないということを意味します。

　提供価値の構造の中でのレイヤーやモジュールの選択基準は，市場セグメン
トの選択の基準とそれほど変わりません。すなわち，どのレイヤーやモジュー
ルの利益が最大になるのか，競争が少ないのか，また自社の能力に適合してい
るのか，つまり勝てるのかということです。モジュール選択独特の判断として
は，どのモジュールないしレイヤーを握れば後述するエコシステム全体を支配
できるのか，ということです。

　GE は，Predix という IoT プラットフォームを提供し，AWS や Microsoft
Azure が持っていない，モノと接続するための Edge Manager や Device SDK
などの存在を差別化要素としていました。しかし，それらのモジュールを結局
AWS や Azure も実装してしまい，もともとプラットフォームの規模に劣り，
情報系レイヤーを持たない Predix はこれらに対して劣勢に立たされてしまっ
ています。実は，最も競争力を持ちうるレイヤーはこのような IaaS のレイヤー
ではなく，顧客のデータを自社に保持できる故障予兆などの制御系アプリケー
ションレイヤーなのですが，IaaS として競争力を持てると考えてしまった結
果として GE は失敗していると筆者は考えています（図表 8 - 5）。

　現在，機械や電子製品などの製品を製造しているメーカーは，将来製品がデ
ジタル化されたときに，どのレイヤーを支配していくのかを明確にし，他のレ
イヤーには場合によって他社をエコシステムパートナーとして仲間に加えてい
くという戦略の立案が望まれます。

　筆者が勝手に描く戦略ですが，例えば，トヨタが制御プラットフォーム層や
情報層への API については自社で支配し，提携関係にあるいすゞ，子会社で
あるダイハツや日野はもちろん，マイナー出資しているマツダやスズキ，更に
は提携関係にない新興国メーカーなどにもトヨタの制御プラットフォームへの

[図表8-5] モジュール化，レイヤー化による追加的戦略要素

参戦するモジュール，レイヤーの選択		● どの機能を自社で持つのか？ ・自社の強みはなにか ・どのレイヤーを握ると全体を掌握できるのか （最大マージンを得られるか）
エコシステムマネジメント	エコシステムの外部への競争力維持	● どのような機能をエコシステムに加えるか？ ● 積極的にマネージするか？ ● 誰と組むのか（相手方の能力を前提として）？
	エコシステム内部での競争のマネジメント	● エクスクルーシビティを保証するか？ ● すみわけをどうするか？ ● 自社以外の同様機能提供会社の参加を認めるか？
	エコシステムのオープン性の決定	● オープンにするか，コントロールするか？

参加を求める反面，機械装置の製造については各社のオリジナリティに任せるとか，テスラが普及車グレードへ展開するにあたり，全体のアーキテクチャの決定や制御プラットフォームのみを支配し，他のレイヤーの製造や設計は，新興国の自動車メーカーの自由に任せ，あるいは製造技術をライセンスをして自社で製造を行わない戦略を採り，ネットワーク効果を得ながら低価格市場セグメントの支配を行う，ということが考えられるわけです。

4．エコシステム

エコシステムの競争ダイナミズム

　顧客は，これらのレイヤー構造，モジュール構造の全体を見て，集団として競争力を評価します。この集団全体のことを**エコシステム**（ecosystem）と表現することがあります。但し，エコシステムの語は，提供価値の間のつながりだけではなく，垂直的な捕食構造にも用いられることもあることに注意しておく必要があります。

　例えば，android と iPhone のエコシステムを比較するとき，顧客は OS の優秀性のみを評価しているのではありません。それらの上に乗っているアプリ

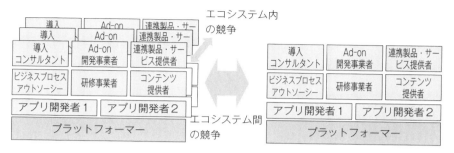

ケーションの種類や数，android の場合はハードウエアとして提供されている製品群，アクセサリーの数などを見て総合的に判断しています。したがって，レイヤー構造やモジュール構造が存在するところでは，自社の製品・サービスがいかに優秀でも，残念ながらエコシステム全体が優秀でなければ，売れないということが起こるのです。

　更に考慮しなければならないことは，エコシステム内部においても自社がターゲットとするレイヤーやモジュールにおいて競争が存在し，エコシステムとしては劣勢であってもエコシステム内部で競争がない場合は，売上が上がったり，利益を容易に上げたりできる場合があるということです。このように，エコシステムが存在するところでは，競争のマネジメントは二重になります（図表8-6）。

エコシステムマネジメント

　顧客がエコシステム全体を評価することから，自社の成功のためには強い企業にエコシステムに参加してもらう必要があり，またエコシステム全体を統合的に価値があるものにしていく必要があります。そのため，エコシステムの中心となるような企業は，互換運用性（interoperability）確保や検証・保証，販売機会の定期的共有，共同プロモーションの実施，自社製品に関するエコシステムパートナーへのトレーニングの提供，更にこれらをパートナー企業にも行わせるための費用の補助などが行われています。

　エコシステム全体が強くなればなるほど，そこに参加して販売機会を得ようという企業が多くなり，強い企業がそこに参加し，それが顧客の選択肢を広げ，顧客の選択を誘発するため，更にエコシステムが強くなるという好循環を生み，

[図表 8 - 7]　エコシステムとエコシステムに生じる循環

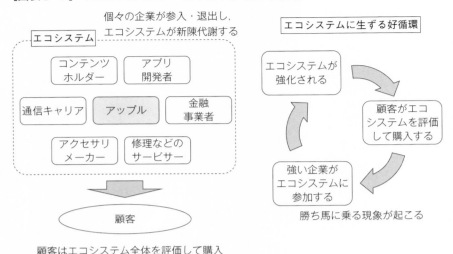

個々の企業が参入・退出し，
エコシステムが新陳代謝する

エコシステム

コンテンツ ホルダー	アプリ 開発者
通信キャリア	アップル	金融 事業者
アクセサリ メーカー	修理などの サービサー

顧客

顧客はエコシステム全体を評価して購入

エコシステムに生ずる好循環

エコシステムが
強化される

顧客がエコ
システムを評価
して購入する

強い企業が
エコシステムに
参加する

勝ち馬に乗る現象が起こる

　逆もまた然りであるため，この好循環を回していくことを心掛けるべきです。反対に，エコシステム全体の競争力に陰りが見え始めると，パートナーは撤退を始めます。この循環は，ネットワーク効果と同様に，積極的なマネジメントの対象とすべきです（**図表 8 - 7**）。

5．バリューチェーンのモジュール化とエコシステム

　以上，提供価値のモジュール化について述べてきましたが，バリューチェーンの仕組みもモジュール化し，企業内に閉じていた価値提供の仕組みは多くの企業をネットワークする形になります。様々な機能がSaaSあるいはアウトソーシングの形で提供されており，それらは広範な顧客を持つためベストプラクティスを常に吸収し続け，多くの企業からの膨大なデータから判断精度を向上させますので，自社の差別化に関係のない機能はどんどん外に出してしまい，企業はバリューチェーンの統合的な運用を行う高次元の仕組みを作ることに専念するようになると考えるべきでしょう。決済，認証，ポイントプログラム，価格管理，各種のマーケティングやその自動化，ECフルフィルメント，購買などの機能がSaaSやアウトソーシングサービスの形で提供されています（図

[図表8-8] アウトソーシングサービスが存在するバリューチェーン機能

人材確保

財務会計・管理会計

購買 | 製造（EMSなど） | フルフィルメント（検品 / 在庫管理 / 受注 / 発送） | サイト運営 | マーケティング | 価格管理 | ポイントプログラム管理 | 認証 | 決済

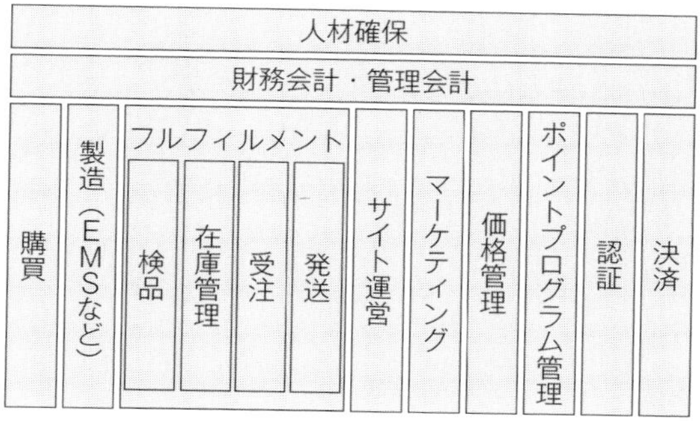

産業モジュール化の効果
- 機能内部でのイノベーション速度向上
- 機能的なエクセレンシーへの早期到達（ベストプラクティスの早期横展開）
- 事業構築の容易化，迅速化
- 生存限界規模の低下

ほぼ全ての機能がアウトソースでき，コモディティ化？
RBV が効かない？

表8-8）。EC フルフィルメントは更に検品，在庫管理，受注，発送などに細分化されてサービスが提供されています。

　では，企業にとっては，バリューチェーンがモジュール化，外部化される結果として，何が最終的に競争優位の源泉になるのでしょうか。

　バリューチェーンが外部化されればされるほど，この問題をよく考え抜く必要があります。もちろん，バリューチェーンの1機能において最大の事業者になる（**レイヤーマスター** Layer Master と言います）という選択肢もありますが，各機能をまとめ上げて顧客に奉仕する企業である限り，結局自社に残るのは，事業デザインなどの事業企画，研究開発，設計・製造などのクリエイティビティを必要とする機能やアナログであり続ける機能だと言うことができるでしょう。バリューチェーン機能について競争力を持つためには，機能を外部に提供して他社からもベストプラクティスやデータを収集するか，外部化して他社の提供するベストプラクティスを採用するかのどちらかしかないのです。

　バリューチェーンの外部化が進めば進むほどベストプラクティスの獲得は容易になりますが，差別化は難しくなり，結局継続的な競争優位は，顧客との関係やそれに基づくデータ量のみということになってしまいます。そこに提供規模と顧客獲得の好循環や顧客間のネットワーク効果が働いているうちはいいのですが，好循環が一旦ストップすると模倣が極めて容易になり，第5章で見たようなプラットフォームからの離脱問題が起こり始めます。

　アマゾンは，EC フルフィルメントを決して外部化しません。それは，EC

の世界において最終的に競争優位の源泉となるものは，デジタルの世界には存在せず，結局リアルなサプライチェーン規模とそこでのオペレーショナル・エクセレンスだと考えているからでしょう。

6．ピーター・ウェイルのデジタル・ビジネスモデル

　MITのピーター・ウェイル（Peter Weill）は，その著書「デジタル・ビジネスモデル」において，デジタル時代のビジネスモデルを次の4つに分類しています（**図表8-9**）。縦軸と横軸を進むにつれてデジタル化の程度が大きくなるのですが，各軸の考え方について，筆者が矢印を書き足しました。

　サプライヤーは，デジタル化していない伝統的なメーカー企業や卸・小売企業だと考えていいでしょう。このビジネスモデルは，すぐには衰退しないもの

[図表8-9]　ピーター・ウェイルのビジネスモデル

最終顧客についてのナレッジ

情報把握による顧客関係掌握

	オムニチャネル	エコシステムドライバー
完全	●顧客とのリレーションシップを「手のうちに入れる」 ●ライフイベントに対する複数の製品を通じた顧客体験を創造 ●統合されたバリューチェーン	●自社の事業領域において顧客にとっての「目的地」 ●自社製品を補完する製品や，競合相手となりうる企業の製品の取扱い ●最高の顧客体験を保証する ●顧客とあらゆるやり取りから顧客データを取得 ●顧客のニーズと製品・サービスの提供をマッチング ●「場の使用量」を徴収
	サプライヤー	モジュラープロデューサー
部分的	●他の企業を通じて販売 ●今後，影響力低下の可能性 ●コアスキル：低コスト製造，漸進的なイノベーション	●「プラグ・アンド・プレー」製品/サービス ●どのエコシステムにも適応可能 ●製品・サービスを常に革新
	バリューチェーン	エコシステム

モジュール分解とデジタル結合

ビジネスデザイン

出所：ピーター・ウェイル他著『デジタル・ビジネスモデル』日本経済新聞出版社。矢印は筆者が追加

の停滞ないし緩やかに衰退し，今後経済全体における影響力は低下していくものと思われます。

オムニチャネルは，顧客との関係をリアルとデジタルの両方で構築している企業であり，そのバリューチェーン自体は伝統的なものであっても，顧客関係がデジタル化されているビジネスモデルです。

モジュラープロデューサーは，先に説明したエコシステムにおけるモジュールの提供者，あるいは分解されたバリューチェーン機能の提供者であり，その限られた世界においてはベストプラクティスを提供し，イノベーションを起こし続ける企業です。

エコシステムドライバーは，提供価値とバリューチェーンの両方においてモジュールを統合して顧客に価値を届ける存在であり，第3章で解説したUMPFを運営して顧客と継続的な関係を構築するとともにバリューチェーンサイドでモジュラープロデューサーを統合する企業であるということができます。

オムニチャネルというビジネスモデルが理解しにくいかと思いますが，バリューチェーンサイドではデジタル化していないものの，顧客との関係はリアル・チャネルの他にデジタル・チャネルをも構築し，顧客情報を集積している企業であり，例えば東海バネ工業のように，製品の製作は従来どおり職人技で行う一方，顧客情報のデジタルでの蓄積やウェブでの技術発信と受注を積極的に行い，世界中の顧客とインターネットを通じて結びついているような企業だと考えられます。

ウェイルらの調査によると，この4つのモデルは売上高成長率，純利益率に大きな差があり，両者ともエコシステムドライバー＞モジュラープロデューサー＞オムニチャネル＞サプライヤーとなるとしています。サプライヤーは成長できず，利益率も小さいのですが，すぐに死んでしまうわけではなく成長なく生存し続けられます。実はここに罠があり，通常デジタル企業に支配されてしまいますが，企業の生存自体が脅かされるわけではないため，デジタル化の努力を怠ってしまいがちです。

多くの日本企業は，サプライヤーで良しとしてしまっているのが現実ではないでしょうか。「ものづくり」を標榜する企業は多いのですが，それだけでは足らないということを，肝に銘じるべきです。

大きなインパクトを持つデジタル化領域

1．各産業や機能分野におけるデジタル化

　各産業におけるデジタル化を表す言葉として，フィンテック（FinTech），モビリティテック（MobilityTech），アグリテック（AgriTech），エンジニアリングテック（EngineeringTech），エナジーテック（EnergyTech），リテールテック（RetailTech），エドテック（EdTech），ガブテック（GovTech），スポーツテック（SportsTech）などが存在しています。

　また，バリューチェーン機能のデジタル化を表す言葉として，ロジテック（LogiTech），HR テック（HRTech），ヘルステック（HealthTech），アドテック（AdTech），レグテック（RegTech）などがあります。これらは，2010年代に入って使われるようになった言葉であり，デジタル技術以外の技術も含んで語られることもありますが，各業界や機能領域を変革するようなデジタル技術を指すと考えてよいでしょう。

　本章では，産業を変革する技術の中で，特に金融業のデジタル化技術であるFinTech と，自動車業界を中心とした旅客移動の技術革新である Mobility Tech を取りあげます。これらの産業は，それら以外の産業に及ぼすインパクトが大きく，本書がこれまでどちらかというと製造業を中心としたデジタル化を取りあげてきたのに対し，特に FinTech は規模が大きく，しかも深いビジネスインパクトを持つ技術や施策を多く含んでいるからです。また，最後にEnergyTech，すなわち電力業界を題材に，業界独特のデジタル化の発想方法について考えます。

2. FinTech

金融業界のデジタル化の推進役

　金融は，デジタル化の中でもとりわけ大きな投資領域であり，アクセンチュア・リサーチによれば，2018年に550憶ドル以上の投資が金融系ベンチャーに投じられ，その額や件数は一貫して伸びています（図表9−1）。これは，Fin-Tech領域の活動が極めて活発であるとともに，大きな波及効果をもたらすためビジネス的な価値が高いという証拠でしょう。

　他の産業分野においてもそうですが，FinTechもまた，デジタル化は既存企業ではなくベンチャー企業，特にITベンチャー企業によって推し進められています。それをよく表現した言葉として，1994年にビル・ゲイツが語ったと言われる「Banking is necessary, banks are not.（銀行業務は必要だが，銀行は必要ない）」が引用されます。デジタル化された銀行業務の担い手は，既存の銀行じゃなくてもよい，ということです。

　更に2015年春にJPモルガン・チェースのCEOであるジェームズ・ダイモンが株主へのレターの中で語った「Silicon Valley is Coming.」という一節もよく引用されます。既存のジャイアントプレーヤーであるJPモルガン・チェースですら，シリコンバレーのITベンチャーを注視しているのがよくわかります。日本の金融業界の方々と話してみると，その危機感は非常に大きく，新規参入者によるデジタル化を脅威と見ていることがよくわかります。

FinTechの特殊性と規制，規制とイノベーションのバランス，規制の砂場

　金融は，どの国においても強い規制下に置かれています。その理由は，カネが暴力（軍事・警察）と並んで他人に言うことを聞かせることができる力そのものであり，社会秩序の根幹として金融制度を維持しなければならないこととともに，過度な外国の影響を受けないようにしなければならないからです。

　その一方で，金融は，物理的なモノの移動を伴わず，取引の全てをコンピューターやネットワークの中で完結できるので，デジタル・ビジネスと極めて親和性が高いということができます。また，過去に強い規制下に置かれていたことから一般に収益性も高く，既存業者が旧態依然としたビジネスモデルで操業していることから，新規参入者にとっては垂涎ものの業界と言えるのです。

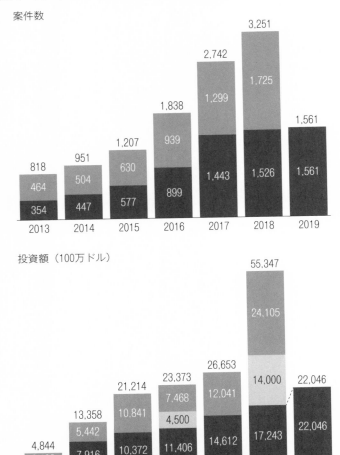

[図表9-1] グローバルフィンテック投資活動推移

案件数

投資額（100万ドル）

免責事項：アクセンチュア・リサーチは FinTech Watchtower の過去のすべての
　　　　リリースについて，関連性に応じて CB Insights のデータベースから案件を
　　　　追加/削除する等，過去のパフォーマンスの見直しを行っているため，新た
　　　　なリリースに含まれる過去の数字が変更されている場合があります。

出所：アクセンチュアによる CB Insights データの分析

第2部
デジタルによる競争ダイナミズムの変化

104

一例を挙げれば，銀行は重厚長大な店舗群，生保は生保レディーなどの人的資源を抱えていて，それらを簡単には廃止できないので，デジタルで完結できるビジネスモデルを構築すればコスト優位に立てることは明らかです。決済においても，日本や米国では貸倒れリスクを負うため手数料の高いクレジット型の決済にはまりこんでいて，デビット型のデポジットを伴う軽い決済を普及させる素地が濃厚にあります。

　社会秩序維持とイノベーションいう背反する要求を両立させるため，限られた範囲で規制を緩めてイノベーションを比較的自由に試行させ，それを展開しても問題ないことを証明してから規制を変更しようという取組みが行われており，これを**規制の砂場**（Regulatory Sandbox）と呼んでいます。砂場の外に出ることは許さないが，砂場の中なら自由に遊んでよい，ということです。

　この「砂場」は，地域特区として設定されることもありますが，これに加えてプロジェクト型の特区も認められています。官庁もこれらの制度の運用に積極的になっていますので，金融に限らず新たなビジネスモデルの創設に規制上の問題があるときは，規制の担当官庁に相談してみるべきです。

仮想通貨とビットコインの登場

　金融の電子化の代表例であり，最も華々しく議論されているのは，仮想通貨，デジタル通貨です。通貨自体をデジタル化してしまえば，その決済はデジタル通貨を移転する形で全てオンラインで行うことができ，その波及効果はネットビジネス全体に及び，大きなインパクトを持つからです。

　最初に世に出てきた仮想通貨は，有名な**ビットコイン**（Bitcoin）です。ビットコインは，正体不明の人物であるサトシ・ナカモトの論文に基づいて作られたブロックチェーンベースの仮想通貨で，ナカモト自身もその仕組みを動かすプログラムの作成に貢献しています。

　ブロックチェーンは偽造が極めて難しい分散台帳の仕組みであり，これについては次章で詳しく見ますが，仕組み全体を誰も管理しておらず，全てがナカモトが創設したルールで調和的に運用されています。ビットコインの送金は，ネット上で完結でき，偽造が極めて困難であるため，決済手段として最適なものと言われています。しかし，ビットコインにはいくつかの弱点も存在します。

ビットコインの弱点

　最初の弱点は，ビットコインの仕組み自体は巧妙に作られてはいるものの，仕組みが固定的になってしまい，これを環境に合わせて変化させていくことを誰もできなくなっていることです。実際，取引を記録するブロックと呼ばれるデータのサイズをナカモトが決めたものより大きくすべきだと主張するグループがビットコインから分離し，ビットコインキャッシュ（Bitcoin Cash）という新しい通貨を立ち上げています。このようなことが頻繁に起こると，決済手段の統一性を失わせ，決済手段として不適切だと見られかねません。

　もう1つの弱点は，これは更に根本的な問題ですが，なぜビットコインが価値を持つのかを誰も説明できないことです。ビットコインは決済手段ではありますが，バックアップする担保資産がありません。ドルや円などの通貨は，金兌換は既に停止されているものの，法律上の強制通用力を持ち，中央銀行が流通量を常に監視し，調整しています。しかし，ビットコインは担保資産も，強制通用力もないのです。ビル・ゲイツは，ビットコインが価値を持つことを大馬鹿者理論，つまり価値のないものを買う馬鹿者も，それより高く買う大馬鹿者がいる限り利益を上げられるという理屈に過ぎない，と述べています。実際，ビットコインの価値の変動が激しいことは周知のとおりであり，投機資産とはなっても，通貨の代替の決済手段としては使いにくい側面があることは否めません。

Libra の登場

　このようなビットコインの弱点を修正して，仮想通貨を国際的な決済手段としようというのが，Facebook が主導する **Libra** という通貨の構想です。

　ビットコインの弱点を補うため，スイスに存在する Libra Association が Libra の発行と仕組みの管理を行うこととして，環境変化に対応して仕組みを進化させる主体を設けています。また，米ドル，ユーロ，円，シンガポールドルなど中央銀行が発行する通貨資産を保有する通貨を担保資産として保有することとしています（図表9-2）。

　この Libra Association には，当初 Visa，MasterCard，Uber，Lyft，eBay，Spotify，PayPal などが参画していましたが，PayPal，eBay，MasterCard，Visa は既に離脱しています。その主な理由は，米国政府や連邦準備銀行からの Libra への批判があるからであり，またドイツ，フランスは国家として，

	Bitcoin	Libra
経緯	サトシ・ナカモトの論文に基づき，2009年に運用開始。	Facebookが主導して構想・立上げ。2020年運用開始を目指す。
使用技術	ブロックチェーン	
主催団体	なし。 世界発のDAO(Distributed Autonomous Organization，自律分散型組織)と言われる。 新たなブロックの生成に対してBitcoinを新たに生成して支払うことが予め決められている。	Libra Association（スイス）が発行・管理を行う。
バックアップ資産	なし。	相対する通貨資産を保有する（米ドル，ユーロ，円，シンガポールドルなどが想定されている）。
弱点・批判など	●適切なブロックサイズなど，系全体の運営についても技術面においても合意形成の手段がない。 ●マイニングだけに報償があるが，系全体を進化させるソフトウエア開発等には報償がない。 ●価格変動が激しすぎて資産性に疑問。	●構想を主導するFacebookの運営能力に対して米政府などから疑問。 ●発表当初は，Visa，MasterCard，Uber，Lyft，eBay，Spotify，PayPalなどが協会に参画するも，その後，多くの会社が離脱を表明。 ●ドイツ，フランスは，Libraのブロックを表明。 ●米政府は，国際決済システムへの介入能力の減殺を憂慮か？

Libraのブロックを表明しています。

　これらの批判の多くは，消費者保護の観点から問題があるという趣旨を述べていますが，実際には各国の通貨システムへの影響の懸念，特に米国政府としては支配下にある国際決済システムへの介入能力の減殺を憂慮しているものと考えられます。

　この結果，Libra Foundationは，主要な単一通貨と連動するLibraドルやLibraユーロなどをまず発行し，これらに連動する国際決済手段としてのLibraを発行するという二重の仕組みとして，各国の通貨発行権に配慮を示した修正を行っています。なお，担保資産の保有などにより価値を安定させた仮

想通貨を**ステーブル・コイン**（stable coin）と呼んでいます。

中央銀行デジタル通貨の動き

そんな中，中央銀行が発行する通貨自体をデジタル化する動きが出てきており，**中央銀行デジタル通貨**（CBDC：Central Bank Digital Currency）と呼ばれています。

中国人民銀行は，2020年1月に，WeChat上で「法定デジタル通貨の全体的な設計，企画標準化，影響の研究，複数期間による調査実験が基本的に完了した」と発表し，2020年5月から中国内の一部都市で実証実験が始まりました。

中国人民銀行でデジタル通貨研究の歴史は長く，既に2014年からデジタル通貨の研究を開始しています。中国は，デジタル通貨を発行することにより，米国が支配するSWITFやCHIPSと呼ばれる国際決済システムから逃れるとともに，国際決済における人民元の地位の向上，Libraのような海外のデジタル通貨の国内浸透排除，デジタルによる地下経済の完全掌握を同時に達成することを目論んでいます。

カンボジア中央銀行もバコン（Bakong）というデジタル通貨を2020年に正式導入すると発表しており，中国より早い2019年7月から同国内の9つの銀行と実用化のテスト運用に入りました。バコンは，その目的として自国通貨の強化，国家全体の決済アーキテクチャの簡素化，更には後に述べる金融包摂などが挙げられています。デジタル人民元が発行されると，中国経済の影響が強いカンボジアは一気にそれに席巻される可能性があり，一旦デファクト化してしまうとこれを覆すことは容易ではなく，そのため自国通貨防衛の意味も強いと考えます。ちなみに，カンボジアのデジタル通貨の仕組みの構築を支援しているのは，日本企業のソラミツです。これらの他，スウェーデンやタイでも実証実験が行われ，バハマも導入計画に言及しています。日銀も決済機構局にデジタル通貨グループを新設してCBDCの検討を開始しました。

このようにデジタル通貨については，Libraなどの動きをきっかけとしてドミノ倒し的に状況が一変する可能性があります。デジタル通貨の普及は，決済というその機能が全てのデジタル・ビジネスに不可欠のものであってその影響範囲が大きいこととともに，最近のバーコードやICカードによるスマート決済なども一変させかねないため，今後注視していく必要があります。

スマート・コントラクトとICO

少し下火になりましたが，一時期，金融業界で話題であったものとして，ICO（Initial Coin Offering）が挙げられます。ICOは，デジタル通貨と同様に，ある交換価値を表象したトークンと呼ばれるデジタル資産を市場に売り出すことであり，2018年頃ビットコインの価格上昇とともに盛んに行われました。

ICOを実現する仕組みのほとんどは，イーサリアムというプラットフォームを利用したものです。**イーサリアム**はブロックチェーンのプラットフォームですが，イーサと呼ばれるデジタル通貨とともに，**スマート・コントラクト**を実装した**トークン**（token）を作り出すことができることが特徴です。

スマート・コントラクトとは，契約書がプログラムとして書かれているようなものであり，定められた条件が満たされると支払や相対給付が自動実行されるものです。リアル世界では，契約は相手方を選んで締結しますが，スマート・コントラクトは相手が誰かは関係なく，前提条件がそろえば契約が実行されるという点がリアル世界の契約と異なります。契約内容がデジタルに有価証券化されているようなもので，紙片である証券の代わりにデジタルなトークンに包含されてネット上で流通するものだと考えれば，わかりやすいでしょう（図表9-3）。

実際には，2018年頃にICOされたトークンは，低質な契約内容のものが多く，その意味で投資家の失望を招いてしまい，2020年にはICOは低調となっています。現時点でもまだ，スマート・コントラクトを十分に使いこなせていない状態ですが，オンラインで契約内容を流通させられるという仕組みがあること，有効な仕組みを構築した場合，ICOという手段で利益を上げられるということは，記憶にとどめておくべきだと思います。スマート・コントラクトは，GAFAのように中央支配の大帝国を築くことなく，広く仕組みを浸透させられる手段だということができます。最近では，金融サービスのかなりの部分が

[図表9-3] スマートコントラクト

将来スマート・コントラクトの集合体に移行すると考えられていて，分散型金融（DeFi：Decentralized Finance）と呼ばれています。

金融包摂

金融機関が近くにない，あるいは金融機関と取引する規模の財産がない，などの理由で今まで金融活動の外側にいた人々に対して，デジタル化により金融サービスを行う可能性が示されており，これを**金融包摂**（Financial inclusion）と呼んでいます。

金融包摂の典型的な例として，ケニアにおける **M-Pesa** が挙げられます。M-Pesa は，Safaricom というモバイル通信会社が運営するモバイルマネーのことで，M はモバイル，pesa はスワヒリ語でお金のことです。M-Pesa では，入出金は Safaricom が管理する口座を使いケニア全土に 7 万軒ある M-Pesa 代理店を通じて行います。携帯電話番号と SMS を使って携帯ネットワーク上で送金が可能であり，個人間の送金，お店や公共料金，EC の支払いなども M-Pesa で行うことができます。地方の若者がナイロビで出稼ぎをし，稼いだお金を遠隔地にいる母親に M-Pesa で送金し，母親は近くの村のストアで送金された M-Pesa を使って買い物をする，というのが典型的な使用イメージです。ケニア全土で店舗やサービスの決済に M-Pesa が普通に使われています（**図表9-4**）。

[図表9-4]　M-Pesa による金融包摂

Banked

金融の対象市場
の押し広げ

Unbanked

M-Pesa はケニアでは大成功を収めており，ケニアの家計の98％は何らかの形で M-Pesa を使用していて，ケニアの GDP の5割を超える金額が M-Pesa 上で送金されています。M-Pesa 上の送金は1分当たり US\$150,000（KES15M）に達しており，伝統的な国際送金機関である Western Union の送金規模が全世界200カ国以上の送金を併せて US\$580,000（KES60M）であることと比較すれば，国内・国外の差はあるものの，いかに大きな送金額であるかがわかります。M-Pesa の存在の結果として，75％のケニア国民が金融口座を持っていますが，これは世界平均である62％を大きく上回っています。

フィリピンの GCash REMIT，バングラデシュの bKash，西アフリカベナンの MTN など多くの類似サービスの手本となり，報道では賞賛一色の M-Pesa ですが，南アフリカやインドでは普及に失敗しており，セキュリティ問題が指摘される SMS を使い，通信事業者の請求システムに改装を加えたようなシステムで送金を扱って本当に大丈夫なのかという疑問もあり，特に先進国での同じ仕組みの普及には疑問符はつくものの，ケニアにおける金融包摂の功績は多大だと言えます。M-Pesa は，Apple Pay や日本で普及が進むバーコード決済のような軽い，先払い（Debit）タイプの決済の先駆けとも言えるでしょう。

いわゆる **BOP**（Base of pyramid）と呼ばれる貧困層は，信用力が低いために金融事業の対象に適さないと考えられがちですが，従来の金融機関が預金や貸付の対象としないことを奇貨とした不当な搾取の対象となっていることも多く見受けられます。また発展途上国は一般に資本コストも高いため，デジタル技術を使って物理的な制約を取り除いたり，取引のリスクを低く抑えたり，国境の壁を取り除いたり，実質的なリスクを見極めたりできれば，投資家やプラットフォーマーにとっても魅力的な投資対象となり得るとともに，貧困問題の解消も同時に行うことができ，今後のデジタル・ビジネスの対象として有望な領域の1つと言えるでしょう。

業界構造変化：金融における UMPF の出現とアンバンドリング

他業界と同様に，金融においても UMPF が出現しています。金融における UMPF は **PFM**（Personal Financial Management）と呼ばれています。PFM は，銀行だけではなく，証券やカード会社等の決済機関をまとめてユーザーに統一したインタフェースを提供し，お金に関する統合的な管理（management）を提供します。我が国では，PFM は2017年の銀行法改正によって法律上認めら

れた存在となり「電子決済代行業者」と呼ばれることになりました。

　電子決済代行業者は，総理大臣への登録を必要とし，財務や体制について一定の要件を満たさなければならないものとして緩いながら規制が掛けられている一方で，銀行側は電子決済代行業者に対して口座情報についての**API**（アプリケーション・インタフェース）開放の努力義務を負います。

　銀行業における口座管理には社会インフラとして強い規制をかけ続ける一方，PFM の存在を認め比較的自由に事業を行わせて，イノベーションの担い手として期待すると同時に最低限の規制をかけ，銀行業側にも PFM の役割を認めて情報を開放するように促しているわけです。デジタルによる産業構造変化を業法側が秩序とイノベーションの折り合いをつけながら取り込んだものとして，他業界の参考になるものと思います。

　PFM の代表格は，米国の Moven であり，モバイルで利便性の高い支出管理や送金，貸付などの金融サービスとともに AI，ゲーミフィケーションを駆使したキャッシュフロー予測を行います。Moven は自社で銀行口座を持たず，既存の銀行や決済機関などと提携して金融サービスの提供を行います。米国の Simple や Chime なども同様なサービスであり，これらを総称してネオバンク（Neobank）とも呼ばれています。

　日本発の PFM の代表例は既に紹介したマネーフォワード ME でしょう。マネーフォワード ME は個人向けの出納管理サービスで，銀行，カード，決済アプリなどと連携して毎月の収支を可視化，分析を行います。現在は，出納の可視化が中心ですが，将来的には送金その他の金融サービスを提供してくるものと思われます。

　一方，金融業界も他の業界同様に第 8 章で述べたモジュール化が進行しています。銀行であれば，三大業務と言われる預金，融資，為替（送金）がセットになったものが銀行と呼ばれており，これらの業務は不可分と考えられてきました。しかし，貸付だけ，あるいは送金だけを行うベンチャー企業や，セブン銀行のように ATM だけを運営するような事業者も出現しています。これを，**アンバンドリング**（unbundling）と呼んでいます。更に，例えば eBay が PayPal を傘下においていたように，物販と送金を組み合わせるなど金融とその他の事業との組み合わせが生じており，これを**リバンドリング**（rebundling）と呼んでいます（**図表 9 - 5**）。このような産業構造変化を前提として，どのようにビジネスを描くかということを考えるべきでしょう。

[図表9-5] 金融における産業構造変化

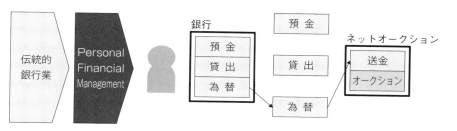

UMPFの出現と法制化

銀行

ネットオークション

アンバンドリングとリバンドリング

2017年銀行法改正。
PFM=電子決済代行業は登録制。
銀行にAPI導入体制整備努力義務。

資産管理，資産運用，資金調達，審査，
ATM運営などが事業や機能として分化
していく方向にある。

FinTech の様々なビジネスモデル：P2P などのモデルとインシュアテック

　FinTech には，PFM 以外にも既に様々なビジネスモデルが誕生しています。バーコード決済によるデビット型のスマート決済，個人間送金，AI が自動投資を行うロボットアドバイザー，各種プロジェクトにネット上で広く投資を募るクラウド・ファンディング，ネット上で投資家を募り高利の貸付を行うソーシャル・レンディング，ネットからの情報に基づいて投資を行うソーシャル・トレーディング（現状はほとんど人気トレーダーの取引を複製するコピー・トレーディング），AI による自動ファクタリングや自動貸付，P2P レンディング（個人間の貸付）などです。

　注目すべき企業としてよく挙げられるのは，まず国際送金の TransferWise であり，個人間の相対する国際送金ニーズをマッチングしてそれぞれの国内に送金させることにより安価に国際送金を実現します。為替とはもともと相対送金ニーズを相殺して行うビジネスですが，個人としてそれを利用できる仕組みを構築したことに意味があります。

　自動融資を行う Kabbage は，ネット上での融資申請に基づき，クラウド会計システムの財務データ，決済サービスや EC サイトからの売上データ，SNS での評判などから，最短数分で融資可否を判断し，融資を自動実行します。SNS の評判を自動分析するというソーシャル技術を金融に使っているところが面白いと思います。

　また，ソーシャル・レンディングの SoFi は，優秀な大学の学生ローンを，

第9章 大きなインパクトを持つデジタル化領域

113

卒業生や機関投資家から資金調達することにより低金利で行うものです。優秀校の学生が低リスクグループであることに注目したものと考えられます。個人間貸付の Lending Club は，個人の貸し手と借り手のマッチングを行います。

　保険の分野でも，特徴的な企業が続出しています。Sureify は生保業界の UMPF と呼べるもので，契約者は，プラットフォーム上で契約管理を行える他，保険事故のリスクを下げる様々な活動を奨励され，そのインセンティブを受けとるようになっています。契約者の生体情報を取得する電子時計などの IoT デバイスと連動しており，保険会社は，個々の契約者のリスクを判断した上で保険契約を締結し，保険料を決定できます。これは，保険会社から見ると，顧客獲得・維持のためのプラットフォームと見ることができます。

　また，Trov は，カメラや楽器など身の周りのものに気軽に期間を限定して保険をかけることができる契約管理プラットフォームです。Trov はこれをオンディマンド保険と称しています。Gabi は，自動車保険と住宅保険に対応する，オンライン上の損保の保険の窓口のようなプラットフォームであり，現在加入している保険や様々な条件を入力していくと，ビッグデータと AI を使って最適な保険を見つけて提案してくれるものです。

　更に Oscar は，全てオンラインの保険サービスであり，疾病時に保険金を受け取れるだけではなく，様々な現物給付やサービスを無料で受けることができます。具体的には，医師による無料の電話相談，ジェネリック医薬品の提供，医師による訪問などのサービスを受けることができます。皆保険制度がない米国の中間層以下の顧客にとって，Oscar は重要なサービスとなっています。

3．MobilityTech

製品としての自動車の未来：CASE

　自動車の未来は，CASE（Connected, Automated, Shared, Electric）だと言われています。自動車は，製品自体の変化そのものが自動車産業やその周辺産業へ大きなインパクトを持っています。インパクトとしては，まず，カーシェアや自動運転をつかさどるプラットフォーム機能の出現があります。自動車産業においてもカーシェア，ライドシェアなどの UMPF が出現していることは既に見ました。

　自動運転とカーシェア，ライドシェアとは，他の顧客と車両を共用しての移

動がプラットフォームにより容易になるため親和性は高く，顧客がこれらの
サービスを利用し，自動車の稼働率が高まる結果として，移動総量に対して必
要な車両が減少し，自動車オーナー向けの販売も減少ユーティリティ化に伴っ
て減少するため，近い将来，史上初めて自動車全体の生産が減少し始めると予
想されています。

自動運転技術投資の状況とそのインパクト

CASE の中で，自動車業界以外へのインパクトが最も大きいのは，AI によ
る自動運転だと考えます。自動運転には，そのレベルについて世界共通の定義
があり，図表9-6のように0～5のレベル定義がなされています。
自動車の自動運転は，大企業が膨大な資金をつぎ込んで取り組んでいます。
アルファベット（Google）傘下の自動運転研究企業 Waymo は，独自のセンサ
を搭載し，Google Chauffeur という AI による制御に取り組み，2018年に80億
キロのコンピューター走行達成，2019年にはカリフォルニア州から人が乗車し
ての自動運転走行許可を取得しています。タクシー配車アプリである Uber や

[図表9-6]　自動運転レベルの定義

レベル	運転自動化技術を搭載した車両の概要	コントロールの主体
0	自動運転機能のない一般の車両。	運転者
1	アクセル・ブレーキ操作またはハンドル操作のどちらかを部分的に自動化する技術を搭載した車両。	運転者
2	アクセル・ブレーキ操作またはハンドル操作の両方を，部分的に自動化する技術を搭載した高度運転支援車両。	運転者
3	一定条件下で，すべての運転操作を自動化する技術を搭載した車両。ただし運転自動化システム動作中も，システムからの要請でドライバーはいつでも運転に戻れなければならない。	システム（システムの動作が困難な場合は運転者） 内閣府目標2020
4	一定条件下で，すべての運転操作を自動化する技術を搭載した車両。	システム 内閣府目標2025
5	条件なしで，すべての運転操作を自動化する技術を搭載した車両。	システム

115

Lyft も自動運転に取り組んでいます。Uber は，独自のレーザーポインタとカメラを搭載した車両で走行試験を繰り返し，2018年に死亡事故を起こしたものの，2019年ボルボから同社のシステムを搭載可能な SUV が発表されています。日本勢としては，ソフトバンクとトヨタの JV であり，設立後日野とホンダも出資した MONET Technologies が自動運転ラボを擁し，データ関連活動全般の開発に取り組んでいますし，トヨタが自動運転技術を検証する Woven City の構想を発表しています。

　このように大企業による積極的な投資が行われているため，自動車の自動運転自体にこれから参入しても，これらの企業と伍して戦うのは，既にある技術的ハンディキャップのため厳しいと考えます。但し，各社が実現する自動運転のモジュール化されたアーキテクチャの中での一部を占めるということを考えることはできるかもしれません。

　自動運転自体を手掛けることは容易ではないとしても，自動運転技術を前提としたビジネスモデルは，今後どんどん現れてくるものと思います。これは，インターネットそのものを作り出す技術を持つシスコなどの企業は確かに成功企業ですが，それと伍して戦っていくよりはインターネットそのものが生み出した社会的インパクトを利用し，ビジネスモデル変革を行うほうが現実的であり，実りが多いのと似ています。自動運転技術は，限定された環境であってもドライバーが不要となる自動運転のレベル４以上が達成されると，自動車業界以外にも，産業や社会の在り方に大きな変革をもたらすでしょう。

　自動運転が実現されると，自動車が公共交通機関化して，自動車シェアやライドシェア，更に他の交通機関との接続した一体的利用が当たり前になるでしょうし，タクシー運転手や，自動車運転代行の職業は消滅してしまいます。運転免許制度も不要となるため，自動車教習所も不要になるでしょう。更に，都心の駐車場は必要なくなり，鉄道の車両基地のように整備場を兼ねた大規模駐車場が郊外に出現するものと思います。

　自動運転は，自動車関連産業の外側にも多大な影響を及ぼします。自動車で行くことを前提としたバーができるかもしれませんし，自動車自体がバーになる可能性もあります。様々な宅配ビジネスが安価に実現されるでしょうし，エネルギーの提供という点では "ポツンと一軒家" への電力系統の接続は不要となり，電力輸送は電気自動車が街に電気を取りに行き，自動車からの電力を家で使うようになるでしょう。

FinTech と MobilityTech を併せた面白い事例がありますので，紹介しておきます。

日本のベンチャー企業であるグローバル・モビリティ・サービスは，IoT と自動車ローンを組み合わせた企業で，社会課題も解決する企業として注目されています。グローバル・モビリティ・サービスでは，車両購入資金をドライバーに比較的低利で貸し付ける代わりに車両に通信装置を組み込み，返済が滞った場合に車両を追跡してエンジンを停止するという事実上の担保を組み込み，良好な返済実績を得ています。

フィリピンのトライシクルのような軽便タクシーのドライバーは，投資家が所有する車両を日借りで使用して，投資家と利益シェアを行うことは広く行われています。このような利益シェアは利子ではないため，イスラム金融の恰好の対象ともなってきました。この例は，BOP を対象とした投資が有望であること，デジタル技術がそれを可能ならしめることの好例と言えるでしょう。

MaaS

自動車業界を超えて都市全体として様々な交通手段を統一的に管理することにより，モビリティを最適化し，社会コストを最小化する取組みが北欧発で行われており，MaaS（Mobility as a Service）と呼ばれています。デジタル技術を使い，自動車も含めた各種の交通全体をその運営主体に関係なく，シームレス接続してサービス化するものです。MaaS も自動運転と同様にレベルが定義されています（**図表9-7**）。最も進んでいると言われるのが，フィンランドの Whim というサービスであり，経路検索，予約，決済がスマートフォンで

[図表9-7] MaaS のレベル定義

レベル	内容	サービス例
0	統合なし，個社単位でのサービス展開	全国タクシー，Uber，東京メトロ，都営バス，JR えきねっと
1	経路検索，運賃等の情報統合	NAVITIME，Y！路線，Google Map
2	検索，予約，決済の統合	滴滴出行，Smile einfach mobil
3	バンドル/定期契約，申込等各種サービスの統合	Whim(Finland)，UbiGo(Sweden)
4	政策への取込み，官民連携	

瞬時に可能となっています。日本でも，福岡市などで数多くの MaaS の実証実験が行われています。

　しかし，End to End の経路検索については Google Map や Navitime で既に実現されているところですし，そこで通しの価格比較ができれば全体を通した一体的プライシングでなくても，いわゆる交通系 IC カードでタクシーまで決済可能ですから，乗り換えの都度支払ったとしてもそれほどの不便は感じないのではないでしょうか。ヘルシンキで Whim の使い放題の価格オプションを選ぶと月間499ユーロであり，今のところはよほど移動を頻繁に行う人ではないと魅力がないと言わざるを得ず，それほどのインパクトを感じられないのが正直なところではないかと思います。

　結局，MaaS の真骨頂は End to End での時刻検索，支払い一体化やサブスクリプションなどでとどまるのではなく，今まで各交通機関に分断して蓄積されていた移動に関するデータを End to End の移動情報として関連させたものとして集積し，人流をモデル化してシミュレーションを行えるようにすることにより，短期的には時刻表や価格をダイナミックに変更して輸送キャパシティ管理や需要制御を行ったり，より長期的にはバスなどの路線の再設計を行ったり，更にはソーシャル技術でイベントやその集客を検知した上でのバスの路線変更，異なった交通機関間での接続方法の組み換えをダイナミックに実現し，旅客の利便性の大幅な向上，公共交通機関の最大限の利用によるエネルギーや二酸化炭素排出の削減が行われるに至って初めて発揮されると考えます。

　路線や時刻がダイナミックに変更されるのであれば，旅客にとっての経路や運賃検索の重要性も増し，更に経路別にダイナミック・プライシングが行われるのであれば End to end での値段付けに意味が出てきますので，ここに至ると，サブスクリプション化しないほうが人流経路制御上有利ということも考えられます。個人のスケジューラーと連動すれば，更に精密な需要予測やそれへの対応も可能でしょう。

　ただ，ここまで進むためには法令の変更が不可欠であり，また各交通機関の守備範囲を大きく変更することになるため，規制当局を巻き込んだかなり大胆な政策が必要になるはずです。MaaS に関するデジタル化が更に深化して，公共交通機関を含めたダイナミックな運行が早期に実現されることを，大いに期待したいと思います。

4. EnergyTech

VPP と P2P 取引，消費データ活用

　電力業界で今のところ多くの実験が行われているデジタル領域は，強制的な需要制御や分散発電制御である VPP と，ブロックチェーンを使った P2P 電力取引，更には電力需要データの公開を前提とした他の産業でのデータ活用などです。

　VPP（Virtual Power Plant）とは，電力ネットワーク内に散在する小規模な発電設備（エネファーム，マイクロガスタービンなど）や，消費機器（空調，エコキュートなど）を制御し，全体として電力の供給を増加し，あるいは需要を削減して，大規模な発電所を運転するのと同じ効果を得ようというものです。分散的な小規模な電源や消費機器を DER（Distributed Energy Resources）と言います。

　太陽光や風力発電は，小規模発電ではありますが出力制御できないため VPP には使えず，分散電源であれば燃料電池であるエネファーム，消費機器であれば大量に電力を消費するクーラーや給湯機であるエコキュート，製氷機であるエコアイスなどが DER の代表格です。電池価格の下落により近い将来需給調整用の電池も DER に加わると考えられます。

　出力制御や需要制御を受け入れる DER の所有者は，DER を取りまとめるアグリゲーターを通じて電力会社からインセンティブを受け取ります。DER の種類ごとのアグリゲーターをプラットフォームのプラットフォームとしてまとめる親アグリゲーターというモデルもあります。

　電力は貯蔵できないため，最大消費量に合わせて発電や送電の容量を決定する必要がある反面，需要ピークの時間は長くないため，ピークカットし他の時間に消費をシフトできれば，全体の設備容量を小さくでき，設備投資を抑制できるので，分散発電や需要制御によりこれを達成しようというのです。需要側を制御するという発想は，デジタル化以前には考えられなかったものです。

　一方，ブロックチェーンによる電力取引の研究も盛んに行われています。これは電力が物理的な存在を持たず，電力システムを経由して提供されるため，その取引の仕組みをスマート・コントラクト化すれば全ての取引をオンラインで完結できると考える結果だと思います。電力の P2P 取引は，現在の法制度

では不可能ですが，安価な太陽光発電が家庭に普及すると，余剰電力を近隣の消費者に販売したいというニーズは高まるため，将来の法改正を前提とした取り組みであると思われます。

　しかし，筆者は，電力におけるブロックチェーン活用は，"オッカム問題"（次章で解説）を露呈していると考えています。個人間の決済は，そのための顧客情報システム（CIS）を整備すればよく，ブロックチェーンを使う必要がないからです。もちろん，デジタル通貨のインフラが電力産業の外側で既に整備されていることを前提として，例えば，街中でのスマホ充電のようなマイクロ給電に対して仮想通貨で決済していくことも考えられますが，それすらも Pay-Pay などの軽いデビット決済で十分なのではないでしょうか。

　電力の消費データを公開して，これを広く他の産業でも活用する道を探ることが，電力会社とポテンシャルなデータのユーザー企業間でグリッドデータバンク・ラボ有限責任事業組合（GDBL）が設立されて行われています。GDBLでは，可能性のあるデータの用途を見極めるとともに，データの企業間移転によるプライバシー問題（第5章で解説）の落としどころを探る努力も行われています。筆者は，ウィキリークスによって暴露されたいわゆる李克強指数に電力消費が含まれていることからも明らかなように，電力消費は産業活動の強さを如実に反映するため電力消費データの動向を使って景況判断や投資判断を行い，株式投資に活用することによって利益を上げられるものと考えています。

業界課題とデジタル化の関係—電力産業における例

　本章の最後に，電力業界を題材として，産業の特性や課題，他産業との融合とデジタル化の関係について例示的にみておきましょう。これは，電力業界で議論されていることというよりは，筆者個人の意見です。

　電力産業の特徴として，設備投資が極めて大きいということが挙げられます。燃料価格によって電力の価格は大きく変動しますが，東北電力の場合，売上は約2兆円，総資産は4兆円，中部電力の場合，売上が3兆円に対して総資産が約6兆円ですから，両社とも総資産回転率は約0.5です。総資産回転率はメーカーで約1，卸や小売業で2弱になるのが普通ですので，電力がいかに設備にカネがかかる産業であるかがわかります。このような業界特性を前提とすると，デジタル化も設備投資量を大幅に削減できるような施策が有効だと考えます。

　VPP は短時間の電力使用のために業界全体の設備容量を増加させてしまう

ような使用のピークシフトを行うことにより，全体の設備投資量を減らすことにつながる優れた施策です。しかしながら，省エネが進み，電力消費の減退が続き，電源容量自体が問題にならない日本の現状では，VPPと併せて非効率電源や系統能力の一部を廃棄するというような大胆な投資判断（負の投資判断）がないと効果を出せないと言えるでしょう。

　現在の電力産業のルールでは，VPPへのインセンティブは発電事業者から支払われることになりますが，実はピークシフトのインパクトは系統にも及ぶため，ピークシフトにより設備廃棄できるのであれば，これを系統へのインパクトを算入したインセンティブや，更には非効率な電源や系統の廃棄メリットを算入したインセンティブを支払うような制度設計が求められます。

　本書の提言するデジタル化の定石に従えば，電力においても顧客接点におけるUMPFの顧客への展開が重要だと言えます。UMPFの構築は，まずは情報系の契約管理や最適契約の推奨，次にIoTの簡単な部分であるスマートメーターを使った電力需要の可視化，最終的には工場や大学キャンパスなど顧客内部での電力制御のプラットフォームによる提供に向かうべきだと思います。

　太陽光発電単価は既にネットワークからの電力単価，いわゆるグリッド・パリティを下回っていますが，これを顧客内に設置した場合，出力制御できない弱点もあるため顧客内部での需給調整が必要であることと，顧客内部では出力に合わせた需要の調整（DR：Demand/Response）が容易であることから，大口顧客単位でエネルギー需給調整システム（EMS）を導入してクラウドで提供するとともに，電力会社側からはこれを需要探知の機会としていくべきだと思います。これにより，顧客の離反の最小化も期待できるでしょう。

　送配電と発電においては，需要を地域ごとに精密に予測し，発電機やネットワーク稼働量を制御系システムから把握した上で，技術進歩が激しい分野である電池技術などを織り交ぜ，また故障予兆や保守精密化による部品寿命の使い切り，それによる延命などと組み合わせ，いかに停電を防ぎながら設備投資を抑制できるかを追求すべきです。

　今後EVが普及していくかどうかは予測が難しいところですが，石油業界が経験してきたように自走できる機械である自動車へのエネルギー供給は価格感応度が極めて大きいと言えますので，ダイナミック・プライシングを行ってこ

121

れを電力需給調整に使う，あるいは，今後更に自動運転やシェア化が進むのであれば，カーシェアリング会社と組んで電力単価にインセンティブをつけて最適な時期と場所で自動車に給電してもらう，というような未来も描けるものと思います。

　最後に，デジタル技術を使用した水道やガスなどの他のインフラとの統合により，どの程度のコストダウンや投下資本の節約ができるかも，考えてみる必要があります。ドイツでは，電力やガス，水道といったインフラの種類ではなく，特定の地方においてそれらを統合して経営する**シュタットベルケ**（Stadt-werke）と呼ばれる経営主体が存在していますが，日本でも配電許可制が導入されてこれが可能となりつつあります。

　水道管や配電線，通信伝送路の埋設工事などを一度に済ませるというような単純なメリットとともに，水道は膨大な位置エネルギーの塊なので，太陽光発電や風車などの出力調整できない電源の余剰出力でモーターを回すことにより電力単価や送電ニーズを下げられないか，他のインフラと併せた活動基準のネットワークコスティングにより人口減少に伴って都市自体をコンパクト化するコンパクトシティに追い込み社会インフラコストを節減できないか，などを今後実証していく必要があるでしょう（その他の電力業界の DX 機会について**図表9-8**参照）。

[図表9-8]　筆者が考える電力業界の DX 機会

発電	送配電	小売
● 発電所の自動最適化運転 ● 発電所の故障予兆管理と EAM への反映 ● 燃料－電気スプレッドを前提とした市場価格予測，市場行動自動化	● ネットワーク稼働の詳細把握による NW ダウンサイジング ● ダイナミックプライシングによる需要平準化 ● 点検自動化と EAM への反映 ● ジェネレイティブ・デザインによる最適ネットワーク設計 ● SNS や天気情報，過去のスマートメータデータを使った需要予測精度向上によるアンシラリーサービスコスト抑制 ● 配電事業者への EMS クラウド提供と需要予測の給電指令所へのフィードバック	● 電力市場への積極対応 ● 顧客向け UMPF の構築と顧客のエネルギーデジタル化への関与（クラウド EMS など）

デジタル・ビジネスも資本主義の下の活動である限り，結局は売上を上げるか，コストを下げるか，投資を減らすか，リスクを下げる（資本コストを下げる）かしか価値創造のパスはありません。デジタル施策を考えるにあたっては，それらのどこが業界の肝なのか，それを達成するための理路は何なのかを，スコアカードの戦略マップのように描き，デジタル化機会を網羅的に検討してみることをお勧めします。

第10章

デジタル技術のビジネスインパクト

第2部
デジタルによる競争ダイナミズムの変化

1．経営戦略における技術の考え方

　戦略に技術を反映させるためには，その技術の概要，技術によって可能になること，更に技術導入にかかるコストを知ることが必要です。経営者としてはそれで十分であり，技術をエンジニアレベルで知る必要はないと考えます。これらをもとに，新たな市場が生み出せないか，あるいは，新たなビジネスモデルを生み出せないかなどのビジネスインパクトを模索します（**図表10-1**）。現在出現している主要なデジタル技術の概要と，筆者が考えるビジネスインパクトを**図表10-2**に整理しました。

　この章では，比較的大きなビジネスモデルインパクトを持つ技術であるブロックチェーンを見ていくとともに，通信技術の進歩を題材として技術進歩と

[図表10-1]　戦略における技術の扱い方

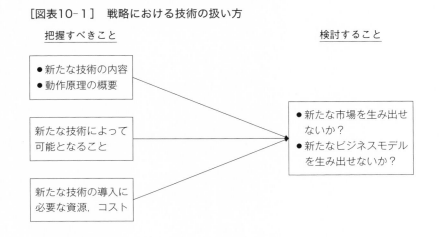

把握すべきこと　　　　　　　　　　　　　　　　検討すること

- 新たな技術の内容
- 動作原理の概要

新たな技術によって
可能となること

新たな技術の導入に
必要な資源，コスト

- 新たな市場を生み出せないか？
- 新たなビジネスモデルを生み出せないか？

[図表10-2] 主要なデジタル技術とビジネスインパクト

主な要素	技術の概要	ビジネスインパクト
人工知能（AI）	人間が行う知的行動を，コンピューターを用いて人工的に再現したもの。	人が行っていた判断業務を代替する。判断精度を上げ，見落としをなくすことも可能。
ロボティクス 自動制御・実行	人間が行う作業を機械，センサ，制御技術を用いて人が関与せず行うこと。	人が行っていた作業をロボットに置き換える。コストダウンとともに作業精度を向上させ，24時間稼働可能。
ブロックチェーン	各種の記録をネットワーク上で分散的に複数のコンピューターで管理する技術。	書き換えられない記録が可能となる。通貨や各種証券，登記，契約，証書の代替，デジタル流通が可能。
仮想・拡張現実	現実にはない環境を知覚させたり，現実環境をコンピューターにより拡張する技術。	仮想環境に基づく訓練，ロボットと組み合わせての危険個所や過疎地での遠隔作業が可能。
IoT	モノに通信機能を持たせ，人を介さずネットに接続したり相互に通信する技術。	モノからの情報を分析活用したり，モノを制御して自動運転，自動保守，環境適合させることが可能。
モバイル（5G）	携帯可能でネットに接続された高速な小型のコンピューター技術。	物理的配線なくどこでもデジタル環境を使用可能になる。位置情報と組み合せると価値が大きい。
ソーシャル	ネット上の情報メディアのあり方で，個人間の結びつきを可能にする技術。	デジタルを使い企業の外側に影響を与え，企業外にプロセスを作り出すことが可能。
ビッグデータ解析	巨大で複雑なデータの集合を解析し，そこに意味を見出しモデリングする技術。	データによるモデリング，更にはモデルを使ったシミュレーションを可能にし，様々な判断精度を向上させる。
クラウドコンピューティング	コンピューターネットワークを経由して，コンピューター資源をサービスの形で提供する利用形態。	低コストでの計算を可能にするとともに，ビジネス間の連動性を上げ，特に制御においては集中と分散の制御を同時に達成できる。

エコシステムとの関係を考えます。また，第1章でみた IDC の DX 定義に現れるモバイル，ソーシャル，ビッグデータ，クラウドの4つの技術のうち，評価が難しいソーシャル技術についてもそのビジネスインパクトを考えたいと思います。

2．ブロックチェーンと技術ライフサイクル

ブロックチェーンと分散型ビジネスモデルのインパクト

　ブロックチェーン（Blockchain）とは，分散台帳技術のことです。台帳データの塊であるブロックとそのブロックから生成されるハッシュ値と呼ばれるデータを次のブロックの内容に含めて連鎖（チェーン）させることから，この過程で改ざんが起こると辻褄が合わなくなり，改ざんを検知できるように設計されています。システム全体が定められたルールによって運営されており，誰かが中央で統制，制御しているわけではないので，システムの一部が壊れても，全体として機能し続けられるようになっています（図表10-3）。

　ブロックチェーンが面白いのは，その仕組みがインターネットのように分散的に作られていることであり，GAFA のような帝国を築くのではなく，民主的でルーズなコミュニティ形成に適していると考えられ，それがインターネットと同様な社会的変革をもたらすとのアナロジーから熱狂を生んだものと考えます。

[図表10-3]　ブロックチェーンの仕組み

● 前のブロックから生成された数値（ハッシュ値）を次のブロックに含めて数値を生成する
　ということを繰り返すため，改ざんが極めて困難
● システムが部分的に壊れても，全体としては壊れない

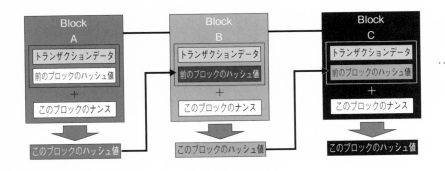

オッカム問題と技術ライフサイクル：ハイパーカーブとキャズム，技術のコモディティ化

マッキンゼーは，2019年の「ブロックチェーンのオッカム問題（Blockchain's Occam Problem）」というレポートにおいて，ブロックチェーンのユースケースのほとんどは実用とは程遠いとして，ブロックチェーンの有用性に疑問を投げかけました。オッカムとは，論証の前提は少なければ少ないほどよいと説いた哲学者の名前であり，要は，ブロックチェーン技術でなければならない用途はごく限られていると述べているのです。マッキンゼーによれば，資産の所有権のトラッキング，保険，サプライチェーン，投資などのニッチな分野で明らかにブロックチェーン向きな用途が存在するものの，多くのケースでデジタル化の象徴としてブロックチェーンを使ったり，実施主体のイノベーション能力を誇示するために使われたりしているのがほとんどであり，企業は最もブロックチェーンが適した用途にのみこれを用いるべきであるとしています。

その一方で，ブロックチェーンのコモディティ化が進行しています。Linux Foundation によって，ブロックチェーンのオープンソース化プロジェクトである Hyperledeger Project が，ブロックチェーンの性能と信頼性を改善することを目指して2015年に立ち上げられ，オープンな手順と技術標準が開発されており，最も標準的な Hyperledger Fabric をはじめとして複数の Distribution を派生させています。また，これらの技術を使ったサービスとしてのブロックチェーン（Blockchain as a Service）が AWS や MS Azure などの PaaS クラウドに組み込まれ，ユーザーが簡単に使えるように開放されています。これらにより，今までよりもブロックチェーンを使う技術的，コスト的ハードルは各段に低くなってきていると言えます。

技術のビジネスへの適用のライフサイクルについては，いくつかの理論があります。IT 調査会社であるガートナーは，**ハイプ・サイクル**（Hype cycle）という技術ライフサイクルと技術の採用や社会的適合を示す曲線を提唱しています。新技術が登場すると，一度過度に熱狂した状態（hype）を生じ，その後その反動で社会的な落胆を生じた後に，徐々に採用が進み安定するというライフサイクルステージを経ます。ガートナーは，このハイプ・サイクルの上にいくつもの技術を載せて技術のライフサイクルの段階を説明しています。ブロックチェーンは，まさに hype が終わり，落胆を生じた状態にあると言えるのではないでしょうか。

[図表10-4] ガートナーのハイプカーブとキャズム

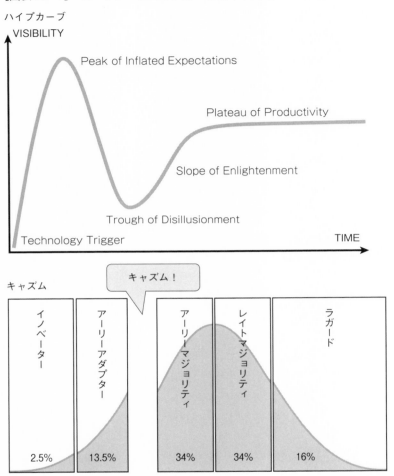

　マーケティングにおいては，**キャズム**（Chasm）**理論**が提唱されています。これは，ジェフリー・ムーア（Geoffrey Moor）が主張したもので，新製品や新サービスは，初期にはイノベーターと呼ばれる凡そ2.5％に受け入れられ，次にアーリーアダプター（15.5％）→アーリーマジョリティー（34％）→レイトマジョリティー（34％）と進んでいきますが，アーリーアダプターとアーリーマジョリティーの間に深く大きな需要の谷（キャズム）があり，この谷を越えられない製品やサービスが存在していると言われています（**図表10-4**）。

この現象が生じる理由は，アーリーアダプターとアーリーマジョリティーの間に購買動機断絶があり，アーリーアダプターまでは変革手段，他社との差別化手段として購入するのに対して，アーリーマジョリティー以降は業務効率化手段として購入するからであり，アーリーアダプター以前の判断基準が革新性であるのに対して，アーリーマジョリティー以降は安心感であることが挙げられています。この理論によれば，ブロックチェーンは，まさにキャズムに嵌った状態にあるということだと思います。

ブロックチェーンの今後の可能性

マッキンゼーの報告は現実であり，ブロックチェーンが最適な技術ではないものに対してブロックチェーンを使うべきではないという指摘も，当を得たものだと思います。象徴的にブロックチェーンを使うことが有効かどうかは人の意識の問題であり現時点での評価は差し控えるとしても，その一方で，ブロックチェーンが最適な適用対象であるビジネスあるいはビジネスツールは確実に存在し，しかもかなり大きな適用対象が存在すると考えます。

筆者は，証券や証書が存在すること（"お札（さつ）"も含めて）がブロックチェーンの適用対象として適することの1つの目安になるのではないかと考えています。証書が存在するということは，それが証明力を発揮し，その表彰する価値が多数の当事者を転々とすることが予定されているわけですが，それがブロックチェーンの提供する機能にまさに合致するからです。その最たるものが通貨であり，既に応用が試みられ，ある程度成功していると言えるでしょう。

小切手や手形は通貨と酷似していますし，船荷証券や株券など様々な有価証券をブロックチェーンで置き換えることは，偽造をなくし，処理を効率化し，あるいは善意取得などの真実とは異なる法律上の擬制を最小化する上で望ましいことだと考えます。

また，更に一般化して移転を対象とするものではなくても，「契約」という存在をブロックチェーン化できないものかと，筆者は考えています。現在，契約は紙で締結され，契約によって発生した価値の提供や債務の支払がERPなどに相互に関連しない情報として入力されていますが，契約という存在を偽造できない社会的に無二の存在としてブロックチェーン化して，そこに出荷時期やキャッシュフローなどの情報を書き込んでしまうとともに，当事者の社内システムやPFMとも連動させてしまえばよいのではないかと思います。

ブロックチェーンの良さは，情報の作成に関与した人のみならず全ての人に客観的な事実を証明できることなので，法律の改正を要するものの契約当事者のみならず，税務当局や裁判所にも見える形にしてしまえば，消費税等の自動計算や，債務不履行の場合の自動判決による債務名義の付与，更には銀行システムや登記情報と連動した自動強制執行が可能になりますし，更にそれを集約したビッグデータは経済産業省や財務省などの政策官庁や日銀にとっても政策の検証に使えるようになり，精緻な経済モデルを作り出して将来の政策立案の精緻化，有効化につながるのではないかと考えます。

DAO

DAO（Distributed or Decentralized Autonomous Organization）とは，経営者やリーダーを持たず，予め定められた規則どおりに組織が運営されることにより，全体として効用を発揮するような組織を指す言葉です。ビットコインは，謎の人物であるナカモトにより論文中で定められ，プログラムの中に埋め込まれたルールで，組織全体のオーナーやリーダーが存在していない状態で運営されており，このためビットコインの運営組織は世界最初のDAOであると言われています。

DAOの例としては，まずThe DAO（一般名詞としてのDAOではなく，The DAOという固有名前のDAO）を挙げることができ，これは全運営を自動化したファンドとも呼べるものです。The DAOはイーサリアムのメンバーによって発足し，ドイツのStock.itによって2016年5月にICOされ，28日間で150億円以上をイーサで調達しました。The DAOのトークン所有者から「キュレーター」と呼ばれる役割の人を投票で選出して，投資先情報の整理・管理をし，所有者が議論した後に投票で投資先を決め，トークンで配当を行う仕組みでした。

ところが，2016年6月17日，スマート・コントラクトのコードの脆弱性をつかれ，仮想通貨として保持する資金の盗難・流出が発生し，結局，イーサリアム自体を全く新しい仕組みに洗い替えて交換するという方法（ハードフォーク）で解決しています。

もう1つの例がコロニー（Colony）と呼ばれるDAOであり，これは自動化したLLPのようなものです。コロニーは，2014年に立ち上げられたソーシャル・コラボレーション・プラットフォームであり，オンラインで会社やプロ

ジェクト（これらもコロニーと呼ぶ）を立ち上げるもので，複数人が共同で作業する組織のベースとなる仕組みです。意思決定は組織が取り組む対象についての専門知識のレベルに応じて民主的に行います。コロニー内部の通貨として独自のトークンが発行され，これで参加者に報酬を供与し，オープンなマーケットで現金化して決済するというものでした。

DAOは，運営方法がプログラムされた自動組織です。ビットコインの運営がDAOによって行われ，DAOの運営ルールがイーサリアムでスマート・コントラクト化されていることが多いため，DAOはブロックチェーンと関係して論じられますが，必ずしも全てがブロックチェーンやスマート・コントラクト，あるいはコンピュータープログラムによって達成されるものと考えなくてよいでしょう。The DAOやコロニーの例を見ても，DAOが全くスマート・コントラクトに依存し尽くせるものではなく，定められたルールにより選出された人によって運営される部分を含んでいることは明らかだからです。経営者の意思が介在せず自動的に運営される組織で，株式にあたる持ち分がトークンになっていると考えるとわかりやすいと思います。但し，人の意思の介在を許さない仕組みであるという意味では，ブロックチェーンやスマート・コントラクトと極めて近い思想が背景にあり，そこがDAOの面白いところです。

筆者は，DAOの弱点は，既にブロックチェーンについて前章で見たように，環境に対する変化の仕組みを組み込むのが極めて難しいということだと考えています。ビットコインには，マイニングの報酬について，報酬の額が半減するいわゆる半減期が予定されるなどの進化が予め組み込まれているのですが，それはあくまで設計者が見通せる未来に対応するための予定された進化であり，そうではない環境の変化や欠陥の是正には極めて脆弱です。結局DAOの進化は生物の進化と同じくビットコインキャッシュのような変態したDAOを作ることにより，DAO間の競争の中で解決していくしかないのではないでしょうか。

それでも，筆者はDAOを活用していく可能性は存在すると考えています。例えばウォーレン・バフェットは，自分の遺産について「資産の90％はS&P500，残り10％は政府短期国債に投資せよ」と言っていますので（Berkshire Hathaway Inc. Shareholder Letter 2013），これを忠実に自動実行して利益を配当，ないし再投資するようなDAOを作れば価値があるでしょうし，このように投資を機械的に実行できるようなDAOはおそらく可能であり，

その仕組みを構築することに対して ICO により報酬を与えることは意味のあることだと考えます。読者がこのような可能性を認識しておかれることは，その適用対象を考えつく可能性があるという意味で，意義があることだと思います。

3．5G とエコシステムの競争ダイナミズム

現在，無線通信に関する第 5 世代の通信手順（5G）が徐々に展開されてきていますが，通信技術の進化に見る基地局メーカーの動きは，技術のマネジメントの上で多くの教訓を含んでいます。

NTT ドコモは技術力ある通信企業であり，第 2 世代の通信方式である PDC（Personal Digital Cellular）方式を開発し，基地局メーカーやハンドセットメーカーを主導して，日本においてこの方式を導入する技術的，ビジネス的なリーダーシップを発揮しました。NTT グループは，AT&T がベル研究所を分離した後，通信会社として研究開発力を有する世界でも稀有な企業となっています（他の通信会社は，技術の進化を通信機器メーカーであるエリクソンやノキアに依存しています）。ドコモは PDC を使ったデジタルサービスである i-mode を成功させた実績があり，その過程でドコモは日本の携帯電話メーカーに i-mode の技術規格を導入させましたが，これは，ドコモの生態系支配力がなければ実現しなかったことです。

第 3 世代（3G）の通信方式への移行にあたっては，通信方式の企画団体である3GPP（3rd Generation Partnership Project）において，ドコモは3G の通信方式の 1 つである WCDMA の標準化に積極的に関与し，WCDMA 方式のネットワーク展開を世界に先駆けて実現しました。しかし，ドコモのWCDMA は，その後最終的には世界標準との互換を持つこととなるものの，実は当初は独自の規格であり，日本の基地局メーカーである NEC や富士通は，この独自規格への投資を余儀なくされました。

一方で，ドコモは，海外通信会社への過半に満たない株式投資と技術規格指導を組み合わせた投資モデルを標榜し，約 4 千億円を投じたオランダ KPN，2 千億円弱を投じた英国ハチソン，1 兆 2 千億円を投じた AT&T ワイヤレスなどの海外投資を行いましたが，これらがことごとく失敗。その後，インドのタタ・テレサービシーズでも失敗して撤退しました。

3Gまでは明確に世界をリードしていたドコモですが，相次ぐ海外投資の失敗や技術的なリーダーシップをとることの膨大な試行コストなどへの反省から，5Gへの移行にあたっては，最先端技術を自ら導入していくコストやリスクに敏感になり，必ずしも「最先端」にいなくてもよいという態度を取り始めます。

　一方，基地局メーカーであるNECや富士通は，ドコモを中心としたガラパゴス世界に最適化してしまった結果，世界市場で強さを発揮することができませんでした。その後，技術的難度の高い5Gへの投資では，日本の市場の規模だけでは開発リスクが大きすぎるため事実上撤退し，NECはサムスン，富士通はエリクソンと提携して，基地局ソフトの基本部分はこれらの会社から導入してドコモなどに納入するという戦略を採っています。

　5Gネットワークの展開にあたっては，結局ドコモは世界に先駆けてこれを行うことなく，中国，米国，韓国などのオペレーターの後塵を拝しています。本書の執筆時点で，コアネットワークも含めた5G専用のネットワークを敷設しているのは中国移動のみであり，中国移動から受注している華為（Huaway）や中興（ZTE）などの中国の基地局メーカーは，世界に先駆けて最先端のネットワークを構築する経験を持つことになっています。

　このような技術開発の推移を見ると，技術開発における顧客あるいは生態系への関与は極めて重要であることがわかります。日本の基地局メーカーは，今から振り返ると，3Gの時代にドコモが顧客であることの優位性を活かして，標準技術での世界展開を行う道筋をつけるべきであったのに，結局ドコモと心中してしまったと言うことができます。

　日本企業にとって，日本の顧客をまずターゲットとすることは当然でしょう。しかし，日本の顧客にのみ依存し続けることは，競合が世界市場でデファクトや規模を確立していく中で自殺行為だということを肝に銘ずるべきだと考えます。日本での成功を見た後は，必ず世界市場への進出の道を描かなければなりません。NTTとNECによる資本提携が発表され，今後は中国とのデカップリングを機に基地局のモジュール化への道を開くO-RAN（Open Radio Access Network）など基地局市場の勝者が嫌う技術や，6Gを使って技術競争の仕切り直しを試みるものと思われますが，過去の技術生態系のダイナミズムの学習を活かしグローバル化の道筋を真剣に検討すべきだと考えます。

4．ソーシャル技術のビジネスポテンシャル

　様々な技術の中で，おそらく読者がビジネスインパクトを図りかねるものは，ソーシャル技術ではないでしょうか。ソーシャル技術は，マーケティングに応用できることは明らかです。ソーシャル・マーケティングは，諸外国におけるテレビCMの衰退やインフルエンサーマーケティングの興隆を見ても，今後ますます重要なものになると思います。しかし，マーケティング以外へのソーシャル技術の応用方法については，なかなか思いつかないものと思います。

　筆者は，モノと結びつく技術としてIoTがあるように，人と結びつく技術としてソーシャルを捉えるとよいのではないかと考えています。IoTで現実のビジネスの活動量を把握できたり，決済に関するデータからマネーサプライやその循環を確認できたりするように，ソーシャル技術を使って世の中の雰囲気やいろいろな事象の人気を察知することで，それを需要予測や価格設定に反映していくという使い方が可能です。もちろん，人はモノと同じようにセンサーを設置したり，その意思に反して制御したりはできませんが，ソーシャル技術を使い，人の感情や気分，考え方を読み取り，またその行動に影響を及ぼすことは可能です。

　既に見たように，BlaBlaCarはDREAMSのSとしてソーシャルをパーソナリティの把握に使用していますし，自動融資のKabbegeによるSNSチェックのように個人の信用や考え方，人柄を感知するために使うなどという使い方も考えられると思います。ソーシャルの情報は人が生成する情報ですので，その真偽については常に問題になるものの，周辺情報から様々なことを総合的に真偽を判定する技術も向上してきているのが期待が持てるところです。

　ソーシャル技術は，製品やサービスに関する顧客の評判を収集・分析し，それを製品・サービス改良や新製品の開発にも応用することができますし，企業の世間での評判→企業業績→株価のモデルを生成して，ソーシャルで集めた情報をもとに株式投資するなど，今までデジタル技術が及ばなかった曖昧な情報を扱うことができる技術であり，今後様々な応用が期待できる技術であると考えます。

　三井不動産は，つくば近郊に柏の葉という街を形成して運営していますが，街の中での人流の制御のために小売設備であるららぽーとなどで使えるポイン

トプログラムが多く活用されています。これらのツールと合わせて，人をある程度制御するようなベストプラクティスをソーシャルの技術を駆使して模索する必要があると考えます。

　中国でアントファイナンシャルが展開する信用スコアリングの仕組みである芝麻信用（Sesame Credit）が，人の行動に明らかに影響を及ぼしていることも参考にできると思いますが，その仕組みをそのままコピーすることは，個人情報の保護やプライバシーの観点から日本では難しいと言えます。その一方で，キャパシティ管理などの観点から需要制御は必要なものなので，日本の法律や社会を前提とした日本人にとって不快感を伴わない人流制御のノウハウの蓄積が待たれます。

5. その他の技術のビジネスインパクト

　ロボットやAIは，今まで人が行ってきた業務プロセスや判断業務を置き換え，プロセスの品質を高めると同時に，省人化によるコストダウンを図るものであり，コスト的に見合う投資であれば，どんどん採用すべきであると考えます。自動運転や自動制御は，自動車以外の様々な製品でもっと試みられてよいものと思います。ドローンも船も，工場も発電所も，全てを自動運転すべきです。自動運転は，機器メーカーが制御の延長として取り組むことが多いと思います。既に述べたように機器メーカーとしては運転よりも保守に目が行きがちです。モノは運転してその真価を発揮するものですので，保守よりも本来目指すべきは自動運転でしょう。

　クラウド技術については，PaaSやSaaSの形でハードウエアやソフトウエアを安価に提供し，その進化もクラウド側に任せることができるツールですが，せっかくセンター側で集中処理をしているのですから，個々の顧客へのSaaSの提供にとどまらず，顧客間のインタラクションを創設してプラットフォーム化できないかを考えるべきだと思います。

　例えば，Amadeusは，航空会社に座席予約管理，在庫管理，出発制御などのプラットフォームを運営していますが，個々の航空会社にこれらの機能をサービスとして提供するだけではなく，顧客である航空会社がコードシェアパートナーやアライアンスパートナーとこれらの管理を統合させることを可能にすることにより，航空会社間にネットワーク効果を働かせられるため，顧客

の離脱を防ぐとともに，同社の顧客管理システムの採用をパートナー企業から働きかけてもらうことが可能になります。これは，同社のシェアは現在3大アライアンス全ての内部で5割を超えていますが，シェアが上がれば上がるほど採用していない会社がアライアンス内で肩身が狭くなるというダイナミズムを生みます。この例が示すように，せっかくクラウドを運営するなら，同じアプリケーションとサーバーを使う複数の顧客間でインタラクションを創設し，ネットワーク効果を発生させたほうがいいということです。

　仮想現実，**拡張現実**は，現在レジャーやトレーニングの用途に広がっていますが，それ以外にも今後適用範囲が広がっていくものと考えられます。生体情報やカルテなどのデジタル情報を組み合わせた遠隔医療や，設計図を電子的に見ながら遠隔で作業を進める原子炉の廃炉作業などが，今後本命の使い方でしょう。更には臨場感の共有を行い，オンライン会議の臨場感を現在の Zoom や Skype 以上に高めることにも役立ちますし，コロナ禍を機会に登場したオンラインキャバクラやオンラインライブなどにも活用できるかもしれません。

デジタル化の実現とその阻害要因の克服

本書の最後となる第3部では，デジタルを用いた戦略を立案するための
手法と，デジタル化を実現するための組織的な要素，更に日本独特の阻
害要因とその克服提案について述べます。

第11章

DXの実現に向けて

1．イノベーションにおける心理的バイアスとイノベーションのジレンマ

　製品・サービスのデジタル化やビジネスモデルのデジタルへの最適化が起こることは間違いないとしても，その速度は予測しがたいものがあります。それは，資源への投資回収，雇用の維持などから，デジタル化速度を緩やかに見たいという心理的バイアスが働くからです。

　Kodak は，写真を含めたイメージング産業全体のデジタル化の中で衰退していきましたが，Kodak の経営陣は，デジタルへの移行が明白になった後も，アナログ市場が少なくとも部分的には残存すると信じていました。その結果2003年にデジタル化に大きく舵を切るまでデジタルのエコシステムでどう生き残るかを真剣に検討しておらず，2003年にデジタル化への戦略転換を発表した後も，デジタル化への投資は精彩を欠き，遂には2012年に破綻に追い込まれてしまいました。

　クレイトン・クリステンセン（Clayton M. Christensen）は，これを心理的バイアスの結果と捉えるのではなく，むしろ合理的判断の結果だと述べており，このことを**イノベーションのジレンマ**（Innovator's Dilemma）と呼んでいます。

　クリステンセンによれば，イノベーションには従来の企業の製品・サービスと連続性のある持続的イノベーション（continuous innovation）と，非連続である破壊的イノベーション（disruptive innovation）とがあり，優良企業は持続的イノベーションを重視し，破壊的イノベーションを軽視する傾向があると述べています。その結果として，優良企業は持続的イノベーションを顧客ニーズを超えて継続する一方，破壊的イノベーションが徐々に顧客に評価されてい

くのを見逃し，破壊的イノベーションに関与ないし準備していなかった優良企業は市場での地位を失うに至るというのです。

　写真フィルムメーカーがAPS（Advanced Photo System）というアナログフィルムの新規格を推し進めている間にデジタルカメラが普及したというのがその例でしょう。優良企業が破壊的イノベーションを軽視する理由は，①株主は短期的利益を求めること，②初期の破壊的イノベーションは市場が小さく参入に値しないこと，③初期の破壊的イノベーションは不確実性が高く参入に値しないように見えること，④既存事業を営むための能力に最適化し異なる事業が行えなくなること，などを挙げています。ものになるのかどうかわからない技術に投資するより，既存事業でシェアを上げたほうが断然儲かるというのは，実は多くの経営者から聞くところでもあります。

　新規技術の軽視，デジタルによるイノベーション軽視が，心理的バイアスによるのか合理的判断によるのかは，ここでは比較的重要ではなく，このような新規の技術軽視が現実に生じるということを理解し，その罠に陥らないようにすることが必要です。

2．デジタル化における RBV の危険性

　戦略論を勉強された方は，RBV（Resource Based View）やSWOTを習われたと思います。これらの思考方法で重要なのは，戦略は自社が持つ資源や強みに基づいて立案されるべきだということです。しかしこの思考は，必ずしもデジタル化には当てはまらないと考えたほうがいいのではないかと思います。成功・失敗の要因は資源側，少なくとも既存の資源側にはなく，デジタルを前提とした上で市場に最適なモデルを作れるかどうかにかかっている，と言っても過言ではないでしょう。

　日販は，2007年にAmazonに対抗して「本やタウン」という書籍販売のビジネスモデルを開始しました。日販と取引がある全国1,700の加盟店の店頭で書籍を受け取ることができ，当時は1,500円以上の買い物で宅配も可能であり，現在まで続いています。しかし，本やタウンのビジネスモデルは成功しているとは言い難いでしょう。このビジネスモデルを作った背景には，「日販にはリアルの書店との取引関係があるので，これを強みとして使わない手はない」という思考があったことは想像に難くありません。

一方，ウォルマートは，食品雑貨を中心にネット販売を展開し，全米5,300店舗という膨大な実店舗網を活用して，店舗内に専用カウンターやロッカーを設置しての受渡しとともに，従業員の帰宅途上での配送や，留守宅のカギを預かり冷蔵庫への配送などを試行しています。この結果，2018年時点でウォルマートはアマゾン，eBay に次ぐ全米第3位の EC 企業となっています。

　ウォルマートと本やタウンの違いは何か？　それは，おそらく扱う商品の違いであると筆者は考えます。生鮮を含む食品にとって，実店舗からの配送というのは最も効率的，効果的なビジネスモデルなのです。これは中国の盒馬鮮生などの例を見てもわかるでしょう。ウォルマートはたまたま店舗の活用がデジタルでも最適だったというだけであり，本やタウンは書籍のサプライチェーンとして単純に最適ではなかったのです。アナログなビジネスモデルの中で持っているものをデジタルに活かそうという発想は，一旦捨てたほうがいいと思います。現在および近未来のデジタル技術を前提として最適なビジネスモデルは何かを考え，不足する資源があれば，それをどのように調達するかを考える，というのがデジタル・ビジネスでは正しい思考だと考えます。

3．ルール形成能力の獲得

　本書でも繰り返し述べてきているとおり，新たなビジネスモデルの展開には，規制の変更を必要とする場合が多くあります。

　企業の戦略としてルール形成を行うべきことは，デジタル化とは別に議論されています。欧米の企業，特に欧州の企業は，ルール形成に関与することにより自社に有利にビジネスを展開していることが多いと言われ，日本企業もそれに倣うべきだということです。経済産業省から『企業戦略としてのルール形成に向けて』という冊子が公表されているので，参考にするとよいでしょう。

　そもそも，現在の各業界を規制している「業法」は，既存のビジネスモデルを前提としており，それが新たなビジネスモデルの参入障壁となっています。例えば，道路運送車両法や旅館業法の存在が，Uber や Airbnb が日本で市場展開することの障壁となっています。そのことは，ディスラプションの脅威から日本の業界を守ることになっていますが，同時に日本におけるイノベーションを阻害することにもなっています。

　新たなビジネスモデルを導入する場合，イノベーションの必要性を規制当局

だけではなく，その背後にある政策官庁に働きかけるべきであり，それにあたって海外事例を収集したり，顧客の声を集めたり，場合によっては業界団体なども巻き込んで，規制の変更や特例を働きかけて，法制化していく能力を企業としても身に着けるべきだと思います。第9章で見た規制の砂場などを柔軟に活用したルール変更の加速が必要なのです。

　法的規制のみならず，ビジネスモデルがデータの複数企業間での流通などを伴う場合は，プライバシー感情をどの程度刺激するのかというのは大きな関心事となりますので，情報を小出しにするようなプレスリリースをして世論の反応を見るとか，オピニオンリーダーの意見を先に聴取して戦略を練る，あるいはカリフォルニアロールの原則やメリットの原則を適用した広報活動を行うなどの施策も場合により必要になるものと思います。一度意図しない形で「炎上」してしまうと，再度ルール形成を仕掛けるのが難しくなってしまうことも多いことに注意が必要です。

　中国においてビジネスモデル変革速度が大きいのは，市民のプライバシー意識の低さや，デジタル企業の多くがアリババや騰訊（Tencent）によって所有されていることによるデータ流通障壁の低さなどとともに，日本のような綿密な規制が未整備であることや，巨大IT企業によるルール形成能力の高さ，地方ごとの規制変更の柔軟さなどを要因として挙げることができると考えます。中国では，華々しい新ビジネスモデルの喧伝の裏側で消えていくビジネスモデルも数多く，社会の安定や消費者保護を重視すると，それは現行システムの信頼性が低い国々でのみ可能なことであり，日本においてはあまりにもワイルドだとの見方もあります。**蛙飛び**（Leapfrogging）と言われる新興国で新しいサービスが先進国における発展段階を飛び越して普及する現象が起こる一因も，ここにあります。

　しかし，数多くのビジネスモデルを試行できなければ，結局は生き残るビジネスモデルを早期に構築・スタートできる可能性も低く，グローバル市場で敗北せざるを得ず，海外と日本との違いをあげつらって変革を行わずに業法の陰に隠れてぬくぬくとしていると，日本企業は米国や中国をはじめとした海外企業に敗北する結果となることを肝に銘じるべきだと思います。正しい態度は，規制により委縮することではなく，規制を変えるメリットを主張して，各方面に働きかけて規制をも変えていくことなのです。

4. トップによるコミットメント

　ここからは，7Sと言われる組織要素のうち，市場戦略（Strategy）やビジネスモデル（System）ではなく，それを実現する人（Staff）や組織構造（Structure），組織能力（Skill），企業文化（Shared Value）などの話をしていきたいと思います。

　まず，デジタル・トランスフォーメーションを成功させるためには，トップのデジタル・ビジネスへのリテラシーと変革へのコミットメントが必要です。その理由は，デジタル・ビジネスにおいて必要な資源は，今までのビジネスと大きく違ったものとなり，投資対象の大胆なシフトが必要となるためであり，またデジタルを駆使したビジネスモデルがアナログ技術を使った従来のビジネスモデルと往々にしてカニバリゼーションを起こすため，従来のビジネスのサイドから妨害を受けかねず，それを阻止して新事業の育成を図る必要があるからです。

　日本交通では，会長の川鍋一朗氏が自ら，Uberなど海外配車アプリの将来の日本参入への対抗上，独自の配車アプリの立上げを企画し，Japan Taxiというアプリの開発と普及だけではなく，それを使って乗車した顧客個人に向けた社内ディスプレイを使った広告などの様々なデジタル化施策を推進してきました。その過程において，川鍋氏が自らプログラミングを学習するなどして，ITへの理解を深めています。日本交通は，Japan Taxiを別会社化している点も参考にすべきでしょう。

　このように，会社全体を後述するデジタルに適した組織に変革することが難しい場合，デジタル化される部分だけを別会社にしてしまうのも1つの手だと思います。

　日本では，海外のCDO（Chief Digital Officer）を形だけ模倣し，社外からCDOを招聘した上でDXを企画・推進してもらおうという試みが多く見られます。しかし，一方でCDO以外の役員や組織が旧態依然としてデジタルへの感度が鈍いままであるとともに，CDOへの権限移譲が限定的であり，結局社外からの人材を信用せずコンサルタントとしてしか見ていないことや，CDO自身も社内に人的ネットワークがなく影響力を行使できないことから，組織の中で孤立して浮き上がってしまったり，DXの取り組みもうまくいかなかった

（左余白）

りする例が多く見られます。やはりトップ自身がデジタル・ビジネスを理解し，しっかりとコミットすることが求められます。

5. 自社内でのITシステム開発の必要性

　総務省の統計（**図表11-1**）を見ると，米国ではITエンジニアがベンダーよりも企業内部に多く存在しているのに対して，日本ではITエンジニアは圧倒的にベンダー内に存在しているのが実情です。これは，次章で詳しく触れますが，日本企業はITは自社の本業ではないとの考えの下，"専門家"に任せたほうがよいとの考えからであり，その結果として情報システムの構築や運用をベンダーに丸投げしていることが原因と考えられます。

　しかし，これではDXは難しいと考えるべきです。その理由は，提供価値がデジタル技術と一体化しているDXにおいては，エンジニアが社内にいないと製品・サービス企画でスピードが出ないこととともに，次に説明する漸進的な進化のアプローチをとることが難しいからです。ITエンジニアを自社で採用するとともに，エンタープライズシステムを扱う伝統的な情報システム部門に配置するのではなく，各事業部の中に配置すべきなのです。

　また，同図表の経産省の統計を見ると，日本ではIT人材の給与が低く，決して花形の職業ではないことがわかります。低い給与のままでは，いい人材が集まらず，モチベーションも上がりません。これは，ITベンダーが自身の制作したシステムがもたらすビジネス的な果実を得ることがなく，事業会社からの固定的なフィーで仕事をしているということと強く関係していると思います。

　事業会社内部においても，日本の伝統的な終身雇用や，年功的な人事資格制度，横並び意識の中で賃金を上げられないのは理解できますが，優秀なITエンジニアは世界的な取り合いになっているので，賃金を上げないと集まらないという現実があります。

　日本交通のように，DX部分を別会社にしてでも，優秀なエンジニアを確保することをお勧めします。ベンダーを通じたエンジニア確保の場合，本人の給与の2～3倍をベンダーに支払うことになるため，外注の一部内製化と捉えれば，その原資は本来事業会社側において確保できるはずなのです。

[図表11-1] IT人材の給与水準と存在場所の日米比較

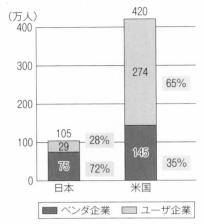

出所：総務省「平成30年版　情報通信白書　日米のICT人材の比較」

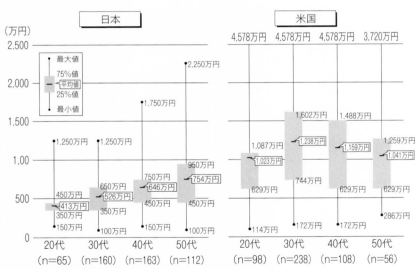

出所：経済産業省商務情報局　IT人材に関する各国比較調査

第3部

デジタル化の実現とその阻害要因の克服

6．漸進的アプローチと MVP

　DX における製品・サービス創造やビジネスモデル創造は，ロジカルに生成した選択肢からの成長性や収益性などの明確な理由を伴った選択とはならず，試行錯誤の繰り返しと言うことができます。そのため，いかに低予算で試行回数を上げて競合よりも良いモデルとしていくか，という思考が重要で，論理的理由付けやケース作成を伴う稟議による投資判断を行っていたのでは手遅れとなります。

　そのため，大掛かりな事業部立上げやシステム開発を行うのではなく，少しずつ企画して少しずつ試すということを繰り返しながら，スピードアップを図るとともに，手戻りを少なくした事業開発やシステム開発が望まれます。

　事業開発を対象としたリーン・スタートアップ，事業成長を対象としたグロースハック，システム開発を対象としたアジャイル開発，それらを包摂する概念であるデザイン思考など，概念や方法論が乱立していますが，要するにDX では，計画と試行を行う単位を極端に小さくした漸進的な開発方法が望まれるということです。これは環境変化のスピードが速すぎるため企画と実行が乖離していては追い付けないことと，顧客と常時接続環境でサービスを行うため小規模な移行を少しずつ積み重ねるサービス提供が求められること，顧客からのフィードバック収集が瞬時になされるためそれに対応できなければならないこと，更にはスピードが決定的に競争優位に結びつくこと，などの理由によります。図表11-2 では，これらの方法論を比較しましたが，これらの間に根本的な思想の違いはないものと考えます。

　顧客への価値提供についても，最低限の機能を提供でき，顧客にとって意味のあるものであれば，製品やサービスが完璧でなくても市場に投入してしまい，顧客の使用データや感想を溜め始め，顧客が使用方法を習得することを促し，ネットワーク効果が生じるようにするとともに，収集したデータに基づいて製品・サービスを早期に改良できるようにしていかなければなりません。

　このように，最低限意味のある製品・サービスのことを MVP（Minimum Viable Product）と言います。これは，リーン・スタートアップで語られている言葉ですが，事業開発だけではなく，システム開発についても同じことが言えると考えます。日本企業は，「いい加減なものを顧客に出せるか！」という

様々な漸進的手法（対象が異なるだけで，手法的には類似している）

手法名	対象	主唱者	概　要
アジャイル開発	ソフトウエア開発	2001年ユタに集合した17人の技術者，後にAgile Alliance	「計画」→「設計」→「実装」→「テスト」というプロセスを短期間で反復する。更にスクラムやXP(Extreme Programming)，FDD(Feature Driven Development) というようなサブ手法が存在する。
グロースハック	顧客拡大・製品サービス改良	ショーン・エリスDropbox創業者が設置した同名の職種から	「獲得」→「活性化」→「継続」→「紹介」→「収益化」の各段階に指標を振って管理し，製品・サービスを改良しながら顧客ベースの拡大と事業成長を図る。
リーンスタートアップ	事業開発	エリック・リース2011年出版の同名の書籍	「構築」→「計測」→「学習」のプロセスを短期間で反復する。「構築」では事業仮説に基づきMVPを作成し，「計測」ではMVPをアーリーアダプターに提供して意見を求め，「学習」では方向修正や製品改良を図る。
デザイン思考	問題解決全般	1991年にIDEOを設立したデイビッド・ケリーら	「共感」→「問題定義」→「アイディア創造」→「試作」→「テスト」のプロセスを繰り返すことにより関係者全ての満足度を上げ，前例・固定観念・バイアスを排除した問題解決を図る。

職人精神の下，なかなか製品・サービスをリリースしない傾向にありますが，それによる競争上の不利益をよく考えなければならず，今後は製品・サービスは顧客とともに進化させていくものだという姿勢が必要です。

7．アジャイル組織

　顧客のためにデジタルな仕掛けを運営するようになると，常にシステムを稼働し続け，比較的短期間に更新を行っていかざるを得なくなります。そして，そのためには組織原理自体を変更せざるを得なくなるのです。デジタル化した企業の組織モデルとして，最も多く参照されているのが，音楽配信サイト

[図表11-3] Spotify モデル

P Product owner
★ Chapter lead

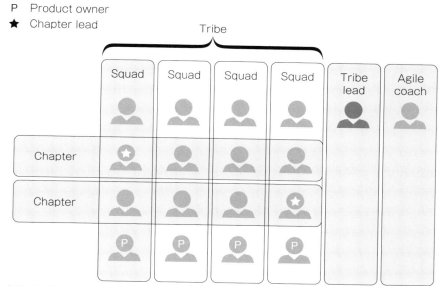

出所：McKinsey Quarterly Jan. 2017

Spotify の組織モデルであり，このように提供価値を漸進的に変化させていくことができる組織は**アジャイル組織**（agile organization）と呼ばれています。

Spotify は，図表11-3のような組織モデルを持っており，アジャイル組織の1つのベストプラクティスと見られています。Spotify はオンラインの音楽配信サービス企業であり，早い速度でサービスの更新を繰り返します。そのため，サービスの企画とそのためのシステム開発を迅速に行う必要があり，組織を提供するサービスごとに分割し，そこに企画・開発に関する権限を大幅に委譲して，自律的な進化が起こるように工夫しています。

サービスに紐付けられた組織は Squad と呼ばれ，これらを束ねる Tribe にはリーダーを置きますが，Squad レベルにはリーダーを置きません。Squad にはプロダクト担当者とともに事業とシステム開発に関する全機能をカバーするタレントが在籍し，小集団による自律的なマネジメントが行われます。Squad と重畳的に設置される各タレントの専門家集団が Chapter であり，Chapter にはリーダーが存在し，ナレッジマネジメントやタレントマネジメントを行っています。

　サイボウズでは，2019年に開発組織を Kintone，Garoon などの製品ごとの
グループとし，ロケーションごとに存在していた部長を廃止し，更にタレント
の種別ごとのコミュニティを持つ Spotify 類似の自律的な開発体制に移行して
いますが，そのきっかけは製品・サービスの SaaS 化であり，SaaS の短いリ
リース速度に従来の組織がついていけなかったためとしています。サイボウズ
では，この組織改革において，開発サイトごとに存在した部長を廃止し，顧客
に提供するサービス単位に組織を再編しています。

　Spotify やサイボウズの話をすると，それは IT 企業だからできるのであって，
普通の会社には無理だと言われることがあります。しかし，DX を行うという
ことは，IT 企業になるということなのです。「普通の会社」であっても，例え
ばオランダの金融機関である INS は，旧来型のピラミッド組織から，Spotify
モデルのアジャイル組織への転換を図ることにより，サービスリリースのス
ピードの向上を図っています。INS の新組織では，ビジネスサイドのスタッフ
と IT エンジニアが同一のプロダクトのための Squad に属しています。このよ
うに，今後は IT とビジネスの境目はなくなっていくため，DX の推進にあたっ
ては組織モデル自体を見直す必要があるでしょう。

　Spotify の組織を更に一般化した組織モデルとして，マッキンゼーは，戦略，
組織構造，プロセス，人，技術の5つの側面からアジャイル組織の特徴を纏め
ています（図表11-4）。これを見ると，DX は戦略だけではなく，いわゆる7S
全体の問題であるということがよくわかります。戦略は組織全体で共有され，
道しるべとはなるものの各自のアクションにまで分解されず，構成員が自律的に
アクションを決めて行動します。チーム制であり，合意のために時間を要するこ
とはなく，しっかりとしたコミュニティ意識を持つ構成員で構成されていて，管
理されずに自由に進歩を追求できるような組織となることが求められるのです。

　マッキンゼーのアジャイル組織の定義は，最近のティール組織（Teal Orga-
nization）の議論におけるグリーン組織やティール組織を実現したもののよう
に見えます。ティール組織の議論が自律的イノベーションをどれだけ包摂でき
るかという観点から行われていることからも，このことは頷けます。中央集権
的コントロールでは，環境変化に適応できず進化のスピードを速くするため，
自律的組織とならざるを得ないわけです（図表11-5）。

　日本企業は，家族的な組織文化を持つ企業が多く，もともとグリーン組織と
しての基礎を備えていると思います。問題は自律的なアクションを促す文化の

[図表11-4] アジャイル組織の特徴

	トレードマーク	組織活動
戦略 Strategy	組織全体での"北極星"の共有	● 目的とビジョンの共有 ● 機会の探知と利用 ● 資源配置の柔軟性 ● アクションにつながる戦略指針
組織構造 Structure	授権されたチームのネットワーク	● 透明でフラットな組織構造 ● 明確な役割 ● ハンズオンのガバナンス ● 頑強な現場コミュニティ ● 躍動的な提携先とエコシステム ● オープンな物理的・バーチャル環境 ● 目的適合的で責任ある小集団
プロセス Process	迅速な決断・学習サイクル	● 迅速な反復と試行 ● 標準化された活動方法 ● 結果・業績指向 ● 情報の透明性 ● 継続的学習 ● 活動に根差した意思決定
人 People	パッションに火をつけるダイナミックな人的モデル	● 団結力あるコミュニティ ● 共有的・支援的なリーダーシップ ● 起業家精神 ● 役割の柔軟な変更
技術 Technology	次世代を開拓する技術	● 技術体系とツールの恒常的進化 ● 次世代技術開発と導入

出所：McKinsey Quarterly https://www.mckinsey.com/businessfunctions/organization/our-insights/the-five-trademarks-of-agile-organizations
筆者が翻訳

欠如であり，構成員の企業依存的な思考を自発的な思考に切り替えるよう促すことが必要でしょう。

組織タイプ	概要	コントロールに関する特徴	実組織例
Red	力による支配と服従の組織	恐怖による支配と服従 自己中心的	ギャングやマフィア 封建諸国
Amber	軍隊的ヒエラルキー組織	権力，階級，規律を重視 家父長的権威主義	多くの政府機関や公立学校，宗教団体，軍隊
Orange	実力主義，成果主義組織	階層構造 合理性と結果を重視 従業員の想いは軽視	コーポレーション型民間組織
Green	ボトムアップ型組織	主体性・ダイバーシティ重視 成果よりも人間関係を重視 多くの権限を従業員に与える	プロフェッショナル組織
Teal	自己進化する組織	平等に権限と責任が与えられる 決議に同意を求めない ビジョン・事業は社員意思を重視し変化 組織の存在目的に合わせ継続進化	

進化

8．イノベーションの制度化・プロセス化

　企業文化そのものは直接的，物理的に変更できるものではなく，制度やプロセスを実施あるいは変更することでのみ文化を変えていくことができると考えるべきです。その意味で，イノベーションを社内のプロセスとして整備し，関連する制度を整えることは重要で，その好例がリクルートの新規事業開発制度です。

　リクルートは2015年に，それまで運用してきた新規事業アイディアの表彰制度である「トップガンアワード」を「FORUM」という制度に変更しました。社員からの新規事業提案の審査頻度を，従来の年1回から24時間365日いつでもアイディアをウェブに提案・投稿してエントリーできるように変更し，提案・投稿されたアイディアを翌月審査する体制としています。審査は2段階あり，1次審査通過後，提案者は業務の20％を提案したアイディアの事業開発に充てることができるようになります。更に2次審査を通過すると，提案者の時

間の100％の時間を使い 1 年間集中してこの事業の立上げに集中することができ，リクルートのコーポレートから様々な支援を受けられ，社外の企業やコンサルタントへの依頼も可能となります。その結果，2014年に提案されたエントリーは210件に過ぎなかったものが，この制度の実施後には700件に増加し，事業化される案件も増加しています。

第12章

DXを阻害する要因とその克服

　中国がGDPを急速に伸ばし，米国も堅調な伸びを示す中，日本経済はこの30年以上ほとんど成長できていません（**図表12-1**）。欧米諸国に比べて発展が遅れ，大きな人口を持つ中国が，経済の開放後に急速に発展するのは理解できるとしても，成熟した経済である米国が順調な成長を見せる中，日本経済が成長しない大きな理由の1つは，間違いなくデジタル化の遅れです。では，なぜ日本企業は，デジタル化できないのでしょうか？　そこには，デジタル化を阻害する日本独特の問題が存在しているからだと筆者は考えています。

　本章では，その問題を探っていきたいと思います。

[**図表12-1**]　日米中のGDP比較

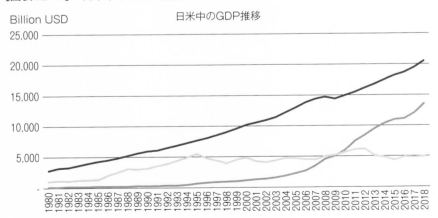

1. 既存システムに関する「2025年の崖」?

　既存システムの更新の遅れが，日本のDXを阻害すると経済産業省が警告しており，「2025年の崖」と呼ばれています。なぜ2025年なのかというと，代表的なERPシステムであるSAP ERPの保守期限が2025年に到来するからです（SAP社はその後保守期限を2年延長）。経産省は，現行システムは多くの会社で事業部ごとに分断されており，またセキュリティ上の問題を抱えているシステムも少なくないので，早く全社統合的なシステムに移行しないと現行システムの維持に多大な資源を浪費し，データの活用も進まないと述べています。この経済省の警告を受けて，多くの会社が既存システム（レガシーシステムとも呼ばれます）の更新を企画，実施しているのが現状です。

　日本企業の現行システムが多くの課題を抱えていることは，経産省の指摘するとおりです。しかし，一方でその背後には日本のITシステム開発やITサービス産業の在り方に起因する大きな問題が存在し，既存システムを新しいシステムに更新をしたところで，それらの根本的な問題を解決しないと更新したシステムは同じ問題を抱えてしまうでしょう。一方，DXは既存システムの改修を終えた後に取り組めばいいものではない緊急の課題であり，既存システムの更新と並行的に取り組むべきものだと筆者は考えます。

　日本企業の既存システムは，SAP ERPどころかCOBOLやRPG（オフコン用高級言語）を使ったものすらまだ多数残っていますし，経産省の言うとおり事業部ごとに分断されています。日本企業のITシステムは企業全体としてのアーキテクチャが考えられておらず，事業部間で統一性がないばかりか，事業部内の各機能間ですら建て増しを重ねた温泉旅館のごとく迷宮化し，各システム内部もモジュール化せず無理やりすり合わせた構造になっていて，システムの更新を妨げる原因にもなっています。

　これは，ビジネス的にもまずい状態であり，例えば，各事業部が同じ顧客企業に販売していても，システムやコードが不統一のために集計することができないのです。これでは，顧客軸の戦略を打ち出しても，その実行や結果をモニタリングすることすらできません。

　しかし，これはシステム更新を行えば解決できる問題ではないのです。なぜなら，日本のシステム開発では，マネジメント的見地よりも業務プロセス処理

が極度に重視されており，事業部や現場の意見が強く反映されるため，全社で
プロセスやコードを統一することができず，その結果として新しいシステム開
発において各事業部に同一のパッケージ製品を導入したとしても，事業部ごと
に異なるプロセスに合わせた追加開発（Add-on）の山となることが目に見え
ているからです。

Enterprise Resource Planning という呼称も，原意である「全社資源計画」
というマネジメント観点の訳語ではなく，どこから出てきたかわからない「統
合業務ソフト」などという訳語をあててしまっていることからも，業務プロセ
ス偏重を見て取れます。

追加開発を行ったほうが，システム開発量が増大するため，人月単価で業務
を提供している IT ベンダーにとっても儲かることや，IT ベンダーに業務プロ
セスを再設計したりプロセス変革を事業部に受け入れさせる能力がなく，パッ
ケージと現行業務との差異をプロセス変更ではなく追加開発で吸収しようとす
ることが，この混乱に拍車をかけています。

その結果，本来インストールすれば動くはずであるパッケージ製品を使って
いるのに，システム導入のプロジェクトサイズが膨れ上がり，外注によって能
力的に劣位な SE が大量に投入されてプロジェクトのコントロールを失い，プ
ロジェクトが炎上して当初の理想を妥協せざるを得ず，プロセスやコードは不
統一のまま放置されます。当初の理想が全社システム統一であるため，各事業
部のプロセスに合わせるための要件が見積段階では当然ながら不足し，プロ
ジェクト開始後に各事業部に迫られて膨大な追加の要件定義を行うはめになり
開発コストがふくれ上ります。

要するに，情報システムがきれいにならないのは，使用する技術や言語，ソ
フトウエアの問題ではなく，日本のこのようなシステム開発の慣行や組織能力
にあるのであり，ここにメスを入れない限り，システムの入れ替えを何度行っ
ても同じなのです。

COBOL に依存しているのは米国も同じなのですが，それでも米国はデジタ
ル化で世界をリードしているという事実に注目すべきです。2020年のコロナウ
イルス禍で判明したことは，米国の失業保険処理システムは COBOL で書かれ
ているということで，失業の急増による保険申請の急増でシステムがクラッ
シュしてしまい，COBOL の技術者を急募せざるを得なくなってしまいました。

ロイターによると，米国の銀行システムの43％，個人間取引システムの80％，

ATMカード端末の95%が依然としてCOBOLに依存しており，2千2百億行のプログラムが現役で使用されています。しかし，それでも米国はFinTechをリードしているのです。

PFM（第9章参照）はAPIを介して銀行と接続し，銀行とは独立の事業者としてやっていくことができますが，PFMを第三者に行われてしまうと，銀行は顧客情報を取得する機会を失います。レガシーシステムの構成が汚いからと言って，これをきれいにするまでUMPFに進出しないというのは，競争を無視した愚の骨頂です。既存システムと十分なつながりを持たなくても，DXは推進すべきですし，推進できるのです。

確かに第4章で述べたPLM-MES統合などはエンタープライズシステムの在り方に依存しますが，UMPFだけではなく，各種のAI導入による判断自動化や，ジェネレイティブ・デザイン，マテリアルズ・インフォマティクスなどは既存のエンタープライズシステムとは一応関係なく進めることができます。そんなことを場当たり的に行っているから企業全体のシステムアーキテクチャが汚くなるのだとのお叱りも受けそうですが，競争の観点からはDXはレガシーシステムの更新を待っていられないのです。

まずは基幹システムの更新を行ってからDXに取り組むというロードマップを持つことは，DXで行うべきことが明確に定まらず迷いが生じる中で心の安定を得られ，社内で「やっている感」を得られますが，それこそがDXを阻害するメンタリティーに他ならないと考えるべきです。同様に，RPA（Robotic Process Automation）など，確実に成果が見込めるものの競争優位とは関係がない低レベルのデジタル化も，確実に行うべきではあるものの，それをもってDXに取り組んでいると認識しないほうがいいと考えます。

2．日本のITサービス産業の問題

DXを阻害する日本独特の問題は，システム開発を行う会社内の組織，ベンダーの産業組織や能力にあると述べましたが，それは更に，これらの前提となる企業の情報システム部門の現状や，システム開発の丸投げ，請負型SIという日本独特の商慣行にあると，筆者は考えています。

企業の情報システム部門の購買部門化

　我が国では企業自身でのシステム開発能力が低く，IT システム開発を IT ベンダーに依存しており，その結果，企業のシステム部門は購買部門化してしまっているというのが実情だと思います。既に前章で述べたように，米国ではシステムエンジニア（SE）の多くは一般企業に所属しているのに対して，日本では IT ベンダーに所属しています。日本企業では，ヒトは人事部，カネは経理部，モノは各事業部や製造部，工務部が管理し，そのためのタレントマネジメントを各部署が責任を持って行ってきました。人事や経理については，人事畑や経理背番号などという言葉が示すように，ヒトやカネという資源をマネージするプロフェッショナルを養成するため，事業部や子会社を巡回するようなキャリアマネジメントが人事部や経理部が主体となって行われています。

　しかし，資源とは何かと問われれば，「ヒト，モノ，カネ，情報」と答えるようになっても，情報という資源については，他の資源と同様のプロフェッショナルが社内にいなければならないとは，日本企業は考えて来なかったのです。「餅は餅屋，IT は本業ではないので専門家に任せるべき」と言う IT ベンダーの喧伝する論理に乗ってしまってきたのです。

　その結果，システム開発は，IT ベンダーに丸投げされます。システム開発ではトラブルはつきものですが，そのトラブルを受注側の責任で解決してくれるような財務体力の大きなベンダーに発注しようとする傾向が多くの企業にあり，それを知っているベンダーは「最後まで面倒を見る」ことをウリにしています。企業の情報システムの開発能力が乏しいことにつけ込み，PMO と称してシステム開発の管理を請け負うコンサルティング会社まで存在していて，これらのコンサルティング会社に開発を監視させるようなことまで丸投げされています。

IT ベンダーの現状

　では，IT ベンダーの開発能力が高いかというと，必ずしもそうならない事情が存在しています。終身雇用を前提として，それとは矛盾するプロジェクトベースの商売を行わなければならないという問題に直面した IT ベンダーたちは，売上の変動に起因する必要な人的資源量の変動を外注を使用することで吸収してきました。外注先もまた，売上の変動を更なる外注で吸収する結果として，業界が重層的な発注構造，いわゆるゼネコン構造になっています。

外注先は最終顧客からプロジェクトそのものを請け負っているわけではないので，指示された範囲のことだけを行い余計な責任を負わないようにしますし，外注単価が低いため余計にそのような行動をとります。外注先の要員は，いくら能力的に優秀でもプロジェクト全体を仕切れるわけではないのでモチベーションも低下し，指示待ちの文化が蔓延します。

要員提供を行っているのが IT ベンダー企業の子会社でベンダーの OB が天下っていたり，発注側企業の IT 子会社だったりというケースも多く，このような場合は必ず発注をもらえるため，品質へのこだわりは低くなり，外注先の経営者は受注確保にのみ関心を払うようになります。

請負型 SI という商習慣は，このように，丸投げ文化と表裏をなすものです。請負というのは厳密にはサービスではなく，組み上げられた情報システムというモノの納入であり，瑕疵担保責任を伴いますので，システム開発の責任を全てベンダーに押し付けるためにうってつけの契約形態です。請負は，要件定義，設計，テストをしっかりとフェーズ分けして進行するいわゆる**ウォーターフォール型の SI** を前提とします。要件定義を行い当事者間で明示的に合意しないと，請負契約に付随する納入責任と瑕疵担保責任の範囲を決定できないからです。そして，日本の IT サービス業界は，見積り，受注審査，フェーズゲート，品質管理，開発方法論や管理会計まで，どっぷりと請負型 SI に嵌りこんでおり，これから抜けだせなくなっているのです。

企業自身によるシステム開発とエンジニア雇用の必要性

請負型 SI では，前章で述べたアジャイル開発はできませんが，UMPF などを SaaS として顧客に提供すると，重厚な要件定義などしている暇はないのです。毎週，あるいは少なくとも各週で新機能やバグフィックスを提供していく必要があり，そのためには請負型 SI を発注していては間に合わないのです。

DX においては，システム開発を IT ベンダーに任せようというのが，そもそもの間違いだと考えるべきです。請負型 SI は，世界の常識ではありません。欧米では，システム開発のプロジェクトマネージャー（PM）は，システム開発を行う企業に雇用されているのが普通です。そのための，プロフェッショナルとしての PM の有期雇用市場が存在しています。海外と日本の情報システム開発の違いを（**図表12-2**）にまとめました。

日本でもデジタル・ネイティブな企業で IT ベンダーに請負型 SI を発注し

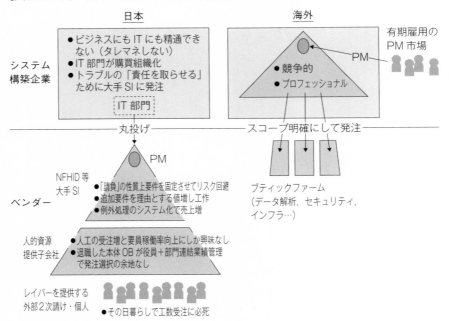

[図表12-2]　日本と海外のシステム開発体制・発注構造の違い

日本

海外

システム
構築企業

● ビジネスにも IT にも精通できない（タレマネしない）
● IT 部門が購買組織化
● トラブルの「責任を取らせる」ために大手 SI に発注

IT 部門

● 競争的
● プロフェッショナル

PM

有期雇用の
PM 市場

丸投げ

スコープ明確にして発注

ベンダー

PM

NFHID 等
大手 SI

● 「請負」の性質上要件を固定させてリスク回避
● 追加要件を理由とする値増し工作
● 例外処理のシステム化で売上増

ブティックファーム
（データ解析，セキュリティ，
インフラ…）

人的資源
提供子会社

● 人工の受注増と要員稼働率向上にしか興味なし
● 退職した本体 OB が役員＋部門連結業績管理
で発注選択の余地なし

レイバーを提供する
外部2次請け・個人

● その日暮らしで工数受注に必死

ている企業は存在しない，と言っても過言ではありません。DX のためのシステム開発は，企業自身が自分の力で行うものなのです。もう一度述べますが，DX を行うということは，自社が IT 企業になることなのだと腹をくくる必要があります。

　しかしながら，IT 要員を自社に抱えることの難しさも，実態をご存知な方々は実感されていると思います。優秀な SE が転職市場に出てくるのは稀であり，出てきても横並び意識の強い事業会社の人事制度，報酬制度では IT コンサルティング会社や IT ベンダーに匹敵する給与を提示できないからです。

　筆者が観察するに，請負型 SI の中で育った人材は，全体を切り盛りしている一握りの極めて優秀な人材を除けば，一般的にはやはり指示待ち文化に染まってしまう傾向にありますので，IT サービスベンダーや外注先からの転職組を採用するとババを引く可能性が高くなると思います。理想的にはヤフーや Google のようなデジタルネイティブ企業やデジタル系のベンチャー企業の人材を雇用すべきだと思います。ベンチャー企業出身の人材であれば，給与面で

も IT コンサルティング会社等よりは少ない負担で採用できるでしょう。

　もし，事業会社の人事制度の中で給与的や文化面で折り合えないのであれば，DX をミッションとする別会社を設立し，できれば事業部や事業会社ではなくHD 傘下に置いて事業会社と同列とした上で，サポーティブな理解あるリーダーの下に雇用するというのも一案です。とはいえ，システムエンジニアの大部分がベンダーに所属しているというのは厳然とした事実ですので，請負型SI ではない新しい関係を IT ベンダーとの協業を模索すべきなのかもしれません。

IT ベンダーの未来

　DX の進展によって，当然ながら IT ベンダー側もビジネスモデルの変革を迫られます。請負型 SI が減少していくからです。「2025年の崖」によるシステム更改バブルは早晩収束するのであり，このバブルの間に変革を考えなければなりません。「崖」は，ベンダー側にこそあるのです。

　少なくとも言えることは，このビジネスのデジタル化のトレンドの中で長期的に売上が減少している IBM や HP にもはや手本はなく，GAFA のようにデータを使って自ら事業を行い，既存の秩序の変革をリードしない限り未来はないと認識すべきです。

　しかし，日本の IT サービスベンダーが日本独特の業態であるだけに，どのように変革したらよいのかについて，正解を海外に求めることができません。同じく日本独特のサービス業である総合商社が，トレーディングによる口銭ビジネスという安全な商売を追うことを辞め，顧客の売上を作ることができる能力を活かして投資と産業の再デザインに活路を求めたように，IT サービス業界も IT に精通していることを活かして，新たなプラットフォームなどの事業に投資を行い，あるいは既存顧客と JV を形成して，情報技術に長けた能力を活かして自らシステムを構築・運用して，産業を再デザインする企業への脱皮を模索すべきだと考えます。

　デジタル企業の企業価値はすさまじく，例えば，医師と製薬会社を結ぶプラットフォームであり，もともとソニーによってスタートされたエムスリーの時価総額は，本書執筆時点で富士通や NEC を軽く上回り，日立製作所に迫ろうとする額に到達しています。この価値増加を内部化しない手はないと言えます。

ただ，そのためには，今までのように安全に利益を上げられるビジネスに安穏としていることは許されず，今までとは違ったリスク，つまり事業リスクを取っていかなければなりませんし，指示待ちの人材ではなく，事業企画や事業の実現に長けた人材を取り込み，企業文化までをも変革する努力をしていかなければなりません。ITサービスベンダー企業の経営者には，退任までのあと数年間，リスクを伴うデジタル投資企業への変革よりも，「崖」バブルの中で請負型SIのシェアアップに努力を傾注して利益を最大化し，有終の美を飾りたいと考えるイノベーションのジレンマが襲い掛かりますので，その決断には大きな勇気が必要となるものと思います。

3．企業のイノベーション意識の決定的低さ

筆者は，業界構造や商習慣の問題よりも更に深い，極めて根本的な問題が存在すると考えています。それは，日本企業の組織としてのイノベーション意識の決定的な低さです。これは，個人の優秀さや意識の低さというよりも，日本企業の組織原理がイノベーション向きにできていないことに由来するものだと考えます。

欧米では，DXに積極的ではない企業トップ，ITリテラシーの低い企業トップは，取締役会にすげ替えられてしまいますが，日本企業は，個々の企業の実情はあるとしても，それだけで直ちに交代を迫られるということはないのが実情です。もちろん例外はありますが，日本のマネジメント慣行では，トップは戦略をレビューする立場であり，自ら率先して戦略を考える立場にはないと考えられています。

一方で中間管理層は，自身のマネジメントスコープを厳格に守り，それが美徳であるかのように他の管理職がマネージしている範囲には何の提案も行いません。スタッフはどうかというと，会社から与えられた職責を所与のものとして受け入れ，自らのキャリアや能力開発まで会社に任せてしまっているというのがよく見られるところです。その結果として，研修などでは新規事業を提案するものの，日々の業務に帰ると何もなかったかのように今まで行ってきた業務を繰り返すのです。今後成すべきことを自ら考え，与えられたミッションの外側で残業をしてでも勝手にイノベーションを進めてしまう野武士的なスタッフが，今までは一定数存在していました。しかし，それも今では明確な越権行

為であり，コンプライアンスに違反する行為として取り締まられてしまう時代となったのです。

　欧米を手本としてそれに追いつく，あるいは欧米の同業と今までのビジネスモデルで張り合っていくのには，従来の日本企業の組織原理でよかったのかもしれません。しかし，デジタルを使った新しいビジネスモデルを自ら発想し，作り出すためには，イノベーティブな企業文化に転換していく必要があります。

　日本企業でありながら明らかに闊達な文化を持つ企業として，リクルートを挙げることができるでしょう。同社では，以前は38歳から定年を選択でき，またその歳で定年を選択することが最も有利であったことから，同社の人事制度は38歳定年制などとも呼ばれていました。現在はこの制度は能力主義を徹底する代わりに廃止されたと聞きますが，その代わりに退職時の独立支援制度があり，退職金とは別に現金を支給したり，同社と業務委託契約を交わすことを制度化して，独立を積極的に支援しています。

　同社では住宅補助や家族手当などの福利厚生は一切なく，正社員の他，アルバイト，業務委託スタッフ，契約社員など多様な雇用形態のいずれからも直接リーダーへの登用もありうるという社内キャリアの運用慣行を採っています。外資系のコンサルティング会社も，退職金の制度を持たず，給与は「時価」であることが当たり前で，一生そのファームで働くことはむしろ前提とされていません。

　筆者が思うに，終身雇用と人事制度の年功序列的な運用，退職時の地位に応じた退職金制度が社員の会社への依存を生み，事なかれ主義の文化を醸成してしまうのではないでしょうか。途中で干されて階段を上がれなくなってしまい，退職金が減ってしまうという恐怖を植え付けるのではなく，退社と起業は行うことが当たり前であることを前提として，社内の資源を使った大きな変革や事業構築を試みることを奨励すべきです。更に，会社人生の終盤まで上位のマネジメントに引き上げることをせず，最後に一気に昇進させるという形で終身雇用や横並び意識と役職の数の折り合いをつけることをやめるべきです。

　有能な社員には，経営に新しい事業やビジネスモデルを提案し，自らリードしていくことを奨励すべきです。そして，それが成功した場合は，社内におけるステータスとしても金銭的にも，大きな報酬を得られるようにすべきです。現状は，変革を楽しみ，起業に挑戦するような人材は早々に大企業を辞めてベンチャーへと流れてしまっているというのが実情だと思います。大企業は，そ

れらの人をやりがいのあるビジネスモデル変革に駆り立てられるように，人事関連の諸制度の改革を行うべきだと思います。

　DX は，ビジネスモデルの変革であると同時に，日本企業を成長へと復帰させる組織改革，組織文化改革，意識改革でもあるべきだと考えます。

▶▶ おわりに

　デジタル技術が日進月歩であるように，それを使った戦略やビジネスインパクトの研究も日進月歩です。本書の内容も逐次更新していくことが必要ではありますが，デジタル・ビジネスの考え方の最低限のフレームワークを提示し，この枠組みで知識を集積し，修正していく土台を，本書により提供できたと考えています。本書は，その意味でMVPであり，今後もこれをアップデートしていく必要があります。

　筆者は，日本企業のデジタル化の遅れ，イノベーションの欠如に，コンサルタントとして強い危機感を持っています。読者におかれては，日本の企業社会に染み付いた停滞的な文化を打破し，デジタル化を梃子として企業自体の変革に邁進し，それを楽しんでいただきたいと思います。制御などを含めた大きな意味でのデジタル化は，まだ始まったばかりですので，読者の皆様の努力により，日本企業がこの分野で世界をリードする姿を見ることを楽しみにしています。

　読者の皆様の本書への感想をお聞かせいただきたく，また悩みも共有させていただきたいと思いますので，下記のメールアドレスに感想，ご意見，ご質問などのメールをいただければ幸いです。

筆者　今枝昌宏（いまえだまさひろ）
imaeda@eminence.co.jp

[著者紹介]

今枝　昌宏（いまえだ　まさひろ）

エミネンス LLC　代表パートナー。ビジネス・ブレークスルー大学大学院教授。
愛知県生まれ。PwC コンサルティング，IBM，RHJI(リップルウッド・ホールディングス)
などを経て現職。
現在は，コンサルティングと研修事業を営む企業を経営するとともに，ビジネス・ブレー
クスルー大学大学院で「現代版企業参謀」「デジタル時代の経営原理」の講座を担当。
ビジネスモデル論，サービス経営，IoT ビジネスなどを専門とする。
著書として『実務で使える戦略の教科書』（日本経済新聞出版社）『ビジネスモデルの教科
書』『ビジネスモデルの教科書【上級編】』『サービスの経営学』『実践・シナリオプランニ
ング』（東洋経済新報社）などがある。

デジタル戦略の教科書

2020年10月10日　第1版第1刷発行
2021年4月30日　第1版第4刷発行

著　者　今　枝　昌　宏
発行者　山　本　　　継
発行所　㈱中　央　経　済　社
発売元　㈱中央経済グループ
　　　　パ ブ リ ッ シ ン グ

〒101-0051　東京都千代田区神田神保町1-31-2
電話　03 (3293) 3371 （編集代表）
　　　03 (3293) 3381 （営業代表）
https://www.chuokeizai.co.jp
印刷／昭和情報プロセス㈱
製本／㈲井 上 製 本 所

©2020
Printed in Japan